監査法人の原点

［新装改訂版］

小笠原 直
OGASAWARA NAOSHI

幻冬舎MC

はじめに

「不円満」であっても公認会計士業界に提言しなければならない

5年ぶりに『監査法人の原点』を改訂することとしました。初版は、株価低落のなか、「意思決定のデフレ化が日本の経済の歩みを止めている」という問題意識で、憂える監査法人業界に対して問題提起したもの、前回の改訂は、「東芝不適切会計問題」をきっかけに再び筆を執り、本来の監査法人の在り方を論じさせていただきました。

2020年初めの新型コロナウイルス感染症により、世界は一変しました。いまだに変異株が猛威を振るっており、ワクチンの接種が急がれ、医療現場も相変わらずひっ迫が懸念される状況にあります。1年延期された東京オリンピックの開催の是非が直前まで問われました。そして、政府が国民に懇請しているのが「人流」の抑制です。最初は耳慣れない言葉でしたが、検査、行動監視、接種等々、すべて十分には統制しきれないとあっては、

「人流」抑制を懇請するしか手がないのかもしれません。

再度、筆を執ろうと思った動機は、監査法人業界における「人流」がおかしいと思ったからです。何かと申し上げれば、公認会計士に合格した専門家の卵は、最初は監査法人に在籍するにもかかわらず、3年後の修了試験で公認会計士資格を取得する頃には別の業界にあっさりと転職してしまう、いわゆる「監査法人離れ」、「監査離れ」が進行している点です。特に大手監査法人を退職する人財が、ほかの監査法人を振り向くことなく、別の業態組織に転じる事例が多いことです。

わが国には、公認会計士の会員および論文式試験に合格したばかりの準会員を含めて、約4万人在籍しておりますが、その50%超は監査業務を離れて、税務業務やコンサルティング業務、企業内会計士として活躍しています。多方面にわたる活躍は喜ばしいのですが、公共の使命を果たすゆえに独占業務を許された監査業務に従事する公認会計士が減っているのは、問題があります。特に業界に入り、まだキャリアの浅い有望な人財が、監査業務に幻滅して、あっさりと他業務に転じる動きはあまりにもったいないと業界人の一人として思うのです。

本書では、公認会計士という自由職業人に、監査業務の使命感や社会的役割を果たす仕事の魅力を感じていただき、規模の異なる監査法人への転職の有効性にも言及していきたいと考えています。

一方で、巷間、大河ドラマ『青天を衝け』で渋沢栄一翁のブームが再来しています。また2024年度から新1万円札の顔になることも決定しており、コロナ禍のもと、経済政策が手詰まりのなかで、同氏の生き様は、まさに「青天を衝く」清々しさを感じます。

私の出身大学である一橋大学は、同氏の存在なくしては大学の独立存続も危うかった。国を背負う官僚を育成する東京大学の経済学部に編入しようという当時の文部省の方針に異を唱えて、本学の自治を保持した経緯があり、いわば同氏は大恩人です。

その母校で、2019年から「会計プロフェッショナルの実務」という講義を担当させていただく機会を得ております。同講義では、会計プロフェッショナルの倫理を学部生に伝えようということで、同氏の思想、理念にも触れています。講義のなかで、同氏の次のフレーズを必ず引用しています。

「正しい道をあくまで進んで行こうとすれば、争いごとを避けることなどできないものだ。

何が何でも争いごとを避けて世の中を渡ろうとすれば、悪が善に勝つような事態になり、正義がまかり通らなくなってしまう。

（中略）

老人であろうが、若者であろうが、だれでもここだけは譲れないという『不円満』などころをぜひ持っていて欲しい。そうでないと人生も生き甲斐のない無意味なものになってしまう」

幸いにも、私が設立した監査法人アヴァンティアは、設立後13年経過し、紆余曲折はありましたが、クライアントに上場企業30社を有し、メンバーも毎年10人以上の有為な新規人財の採用、中堅キャリア人財の補強と、総勢120人近くの体制まで成長することができました。またコロナ禍においても、リモートワーク率が80％と高水準で推移するなど、電子監査調書システム、オンライン会議システム等を確立し、運用体制に磨きをかけています。

私は、公認会計士は、プロフェッションとして、どのような組織に属していたとしても、高い信頼性に裏打ちされ、毅然とした判断力を有する〝自由職業人〟であり続けられると今も確信していますし、クライアントと同じ船に乗らない限り、クライアントの財務情報の正しい発信への連帯保証人たる役割を果たすことはできない、と改めて確信を深めています。それが公認会計士の本懐であると思っています。そして、海外からのコピーではなく、日本の証券市場の特殊性に合わせた監査法人業界の棲み分け、公認会計士の役割を追求すべきものだと思います。

本改訂版は、２０１６―２０２１の5年間の変化を考慮し、公認会計士業界の変革を考えていきます。最近の情勢を踏まえ、第1章と第7章を全面的に改訂しております。

私自身も、公認会計士業界にもっと身を投じて、「不円満」なことがあっても、公認会計士業界が社会にとってより有益な存在になり得るよう、しっかりと提言、行動しなければならない時期が近づいて来ていると感じています。

監査法人の原点［新装改訂版］　目次

［第2章］　監査法人の役割・公認会計士のやり甲斐とは

［第3章］　会計ビッグバンから始まった、監査法人受難の時代

［第4章］　監査法人はなぜ巨大化・官僚化したのか？

［第1章］

監査法人・公認会計士を取り巻く現状

監査法人業界を取り巻く環境

初版『監査法人の原点』を上梓したのは、東日本大震災の直後でした。未曽有の被害をもたらした爪痕は、日本経済、とりわけ我々に深く関わる証券市場を直撃しました。もとより２００８年のリーマン・ショックで底を打った新規上場企業数は、２０１１年でも20社と低迷していたのです。そうした意気消沈したなかで、会計判断が必要以上にデフレ化しているのではないか、という職業専門家としての危機意識から、世に問うたのです。

5年前に第2版を上梓したきっかけは、２０１5年に発覚した「東芝不適切会計問題」です。超大企業による会計スキャンダルは、監査業界を激しく揺さぶり、社会の不信感を高めた結果になりました。また、これにより、公認会計士業界への有為な人財が、質量ともに減少していった傾向があり、こうした憂慮する事態を打開する一心で再び筆を執ることとなったのです。

その後の5年間で、監査法人業界はどうなったか。

アベノミクスの影響は持続し、証券相場が右肩上がりで推移したことが幸いして、毎年

100社近くの新規上場企業が発生したこと、M&A件数の拡大で関連業務が増大したこと、IFRS（International Financial Reporting Standards：国際財務報告基準）任意適用企業の増加等あり、業界としては堅調に推移していると思います。また、新収益認識基準の対応やKAM（Key Audit Matters：監査上の主要な検討事項）の監査報告書への記載等といった個別監査業務の広がり、また温室効果ガスやその他地球レベルの環境問題や人権や労働環境などを含む国連が掲げたSDGsの目標に対する企業の取り組みを表す非財務あるいは定性的な情報に対する監査法人の保証業務の可能性など、今後も監査法人業界が活躍する有望な分野は広がっている状況にあります。

監査法人売上高ランキングに見るこの10年間の推移

それは、個々の監査法人の売上高にもはっきり表れています。図表1は、監査法人を売上高を基準に上位法人をランキングしたものです。この本の初版からの10年間を見ても順位に変動はあるものの、トーマツ、あずさ、EY新日本（2018年からEYを冠する）の3大監査法人が圧倒的な規模を誇っていることがわかります。そのあとに、国際ネットワークのＢＩＧ４の一角であるＰｗＣと提携を結んでいるＰｗＣあらたが続き、ここまでで、海外ネットワークの兼ね合いで四大監査法人といわれております。

その次に、私が16年間在籍した太陽から三優までの５つの監査法人が、一般に準大手監査法人といわれております。

10位以下で、上場企業の監査を一定数実施している監査法人は、中堅監査法人（主に20～30法人）と称されております。そのなかに、私たちも該当します。

注目していただきたいのは、四大監査法人は売上高を堅調に伸ばしてきておりますが、準大手・中堅監査法人は、同水準、いやそれ以上に伸長している点です。準大手の太陽が67％、仰星が89％、私の経営する法人も１２８％とこの10年間で伸びております。

その結果、この表の14法人の合計値に占める四大監査法人の割合（シェア）は、ここ5年間で、特に監査業務報酬に限っては、92％から88％へと４％下がっております。逆にいえば、四大監査法人以外の監査法人の同比率が８％から12％と１・５倍も増えている結果になっています。

[図表1] 監査法人ランキング

売上高上位の監査法人ランキング（2020年）　（金額単位：百万円）

	法人名	売上高（2010）	売上高（2015）	売上高（2020）	（内　監査業務）	上場企業数
1	トーマツ	86,377	89,177	114,592	80,932	914
2	あずさ	87,251	83,157	105,969	82,770	785
3	EY新日本	104,309	99,175	102,005	86,001	940
4	PwCあらた	24,171	33,309	54,342	26,104	157
5	太陽	7,279	8,086	12,177	11,407	246
6	PwC京都	3,315	3,605	5,777	5,164	49
7	東陽	4,946	3,621	4,499	4,418	89
8	仰星	1,863	2,130	3,519	3,273	84
9	三優	2,201	2,121	3,344	3,080	69
10	アーク	1,001	915	1,434	1,342	35
11	ひびき	955	1,062	1,426	1,382	34
12	A&A	768	783	1,187	1,069	26
13	RSM清和	581	668	960	781	15
14	アヴァンティア	389	511	887	848	25
	上位14法人合計	325,406	328,320	412,118	308,571	3,468

※初版、第2版の集計数字をもとに、各法人の合併に対する数値補正を実施して作成。

公認会計士人気が漸増、女性進出が進んできた公認会計士業界だが

次に、監査法人に勤務する公認会計士という人財の面で、説明させていただきます。

公認会計士を目指そうとする受験生は、この5年間で増えてきました。また、合格率もここ数年は10％強と安定して推移しています（図表2および図表3）。以前は、合格率が17％超となった緩い時代や合格しても監査法人に就職できない未就職問題の時代もありましたが、この5年間は、監査業務の拡大、証券市場の右肩上がりの上昇といった要因があり、安定していたといえます。

これは、日本公認会計士協会が有為な人財を獲得するために、公認会計士の受験制度や合格後のキャリアの説明会を大学や中高校向けにも地道に実施した成果であるといえます。私もここ数年、母校で4月に、主に大学受験を終えたばかりの1年生向けに説明会を実施してきました。

またこれもその努力の表れですが、女性の受験生が増えており、２０２1年度の合格者は、ついにガラスの天井といわれた占有率20％を大きく超えて、24・6％となっており、

［図表2］公認会計士試験願書出願者数の推移

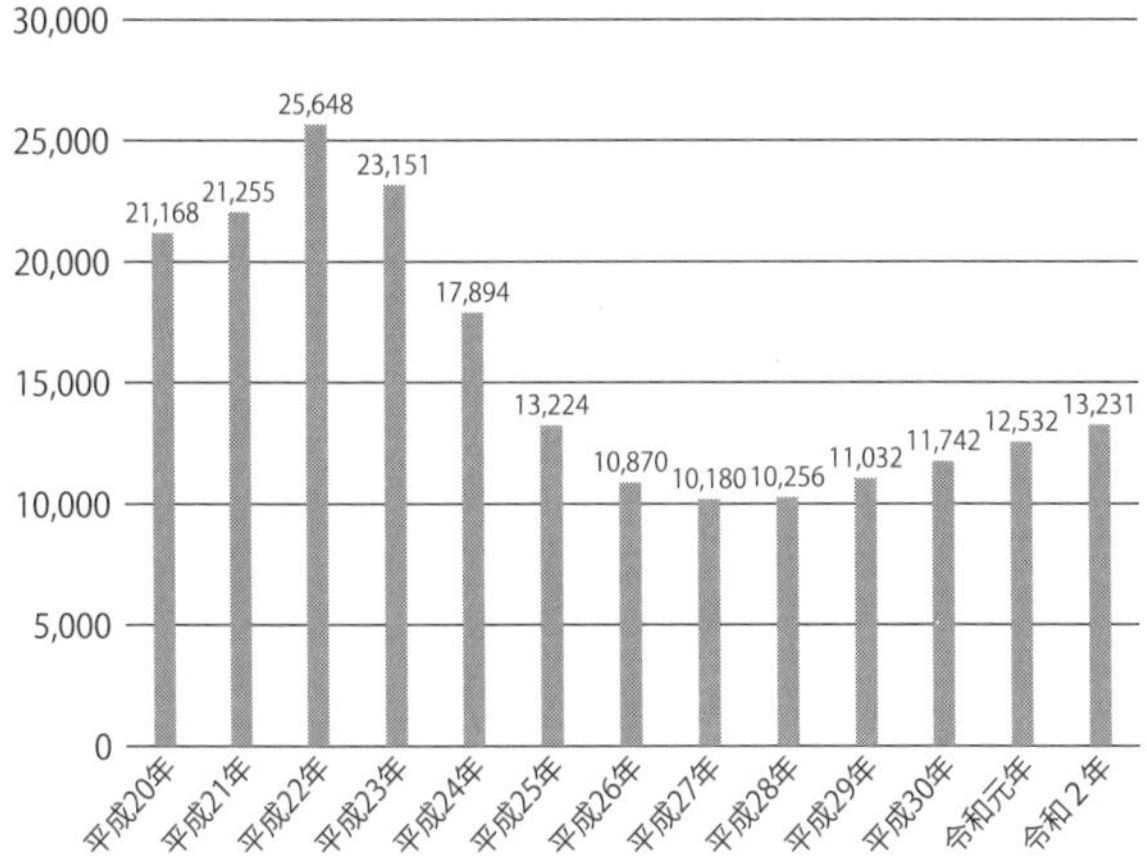

［図表3］公認会計士試験合格者数・合格率の推移

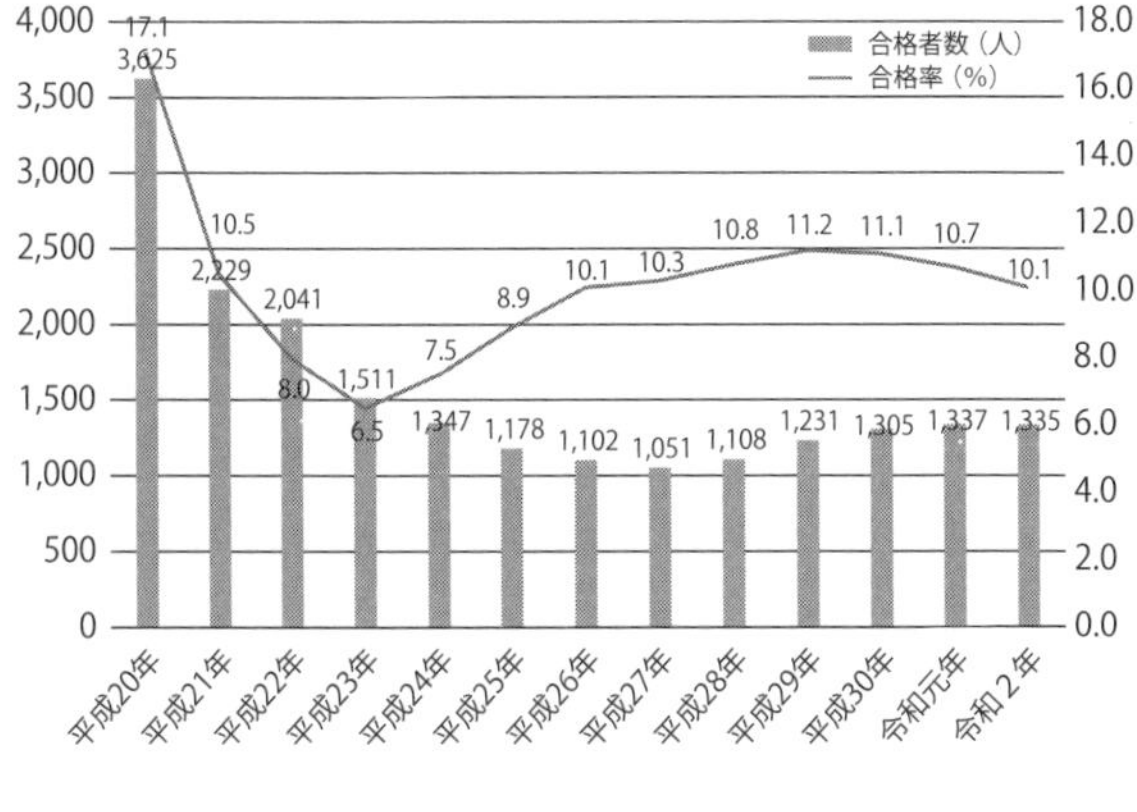

約4人に1人は女性公認会計士になったわけです。ダイバーシティといわれ、コーポレートガバナンスにおいても、女性の役員をもっと増やすべきとされている時代ですから、当然といえば当然ですが、すばらしい成果です。

しかし、現状で大いに懸念すべきことが、「はじめに」で述べた公認会計士の監査業務に従事する割合が減少している、特に監査法人に就職した若い人財が退職して、コンサルティングや企業内会計士になる、すなわち「監査離れ」の問題です。私個人としては、「公認」される限り、社会インフラの一部である監査業務に有為な人財をつなぎとめ、社会的使命をとげることが、社会からの要請ではないかと考えます。また中堅監査法人である身としては、大手監査法人に勤め数年で退職し、セカンドキャリアに「監査法人」の選択がなくスルーされることは、耐えがたい痛恨事です。私は、この「人流」を変えるために、我々も現場での監査業務の魅力を伝え、発信する努力はしていきますが、日本公認会計士協会を中心にもっと業界として取り組む時期がきているのではないかと感じています。

会計不正はむしろ増えている

では、どうして、監査法人離れ、監査離れという人流の異変が生じているのか。準大手監査法人や中堅監査法人の売上高の伸びが大きくなっているのか。そのあたりをいくつか探っていきたいと思います。

監査契約を締結するにあたり、監査リスクが高い、すなわち財務諸表の虚偽表示（粉飾決算）リスクが高ければ、受嘱はできません。監査契約は、コーポレートガバナンスの要請により単年度契約であり、新規および継続するにあたっては、慎重に受嘱の可否を検討しなければならないのも事実です。

図表4は、日本公認会計士協会で公表した「上場会社等における会計不正の動向（2020年版）」によるもので、最近の会計不正の現状を時系列推移としてまとめています。会計不正、すなわち粉飾決算と資産流用のことをいいますが、年々増えていることがおわかりになると思います。東芝の不適切会計問題は、2016年3月期決算でのことで、その後いったん件数は下がっていますが、2020年3月期では再び増加傾向にあります。

［図表4］ 会計不正公表会社数の推移

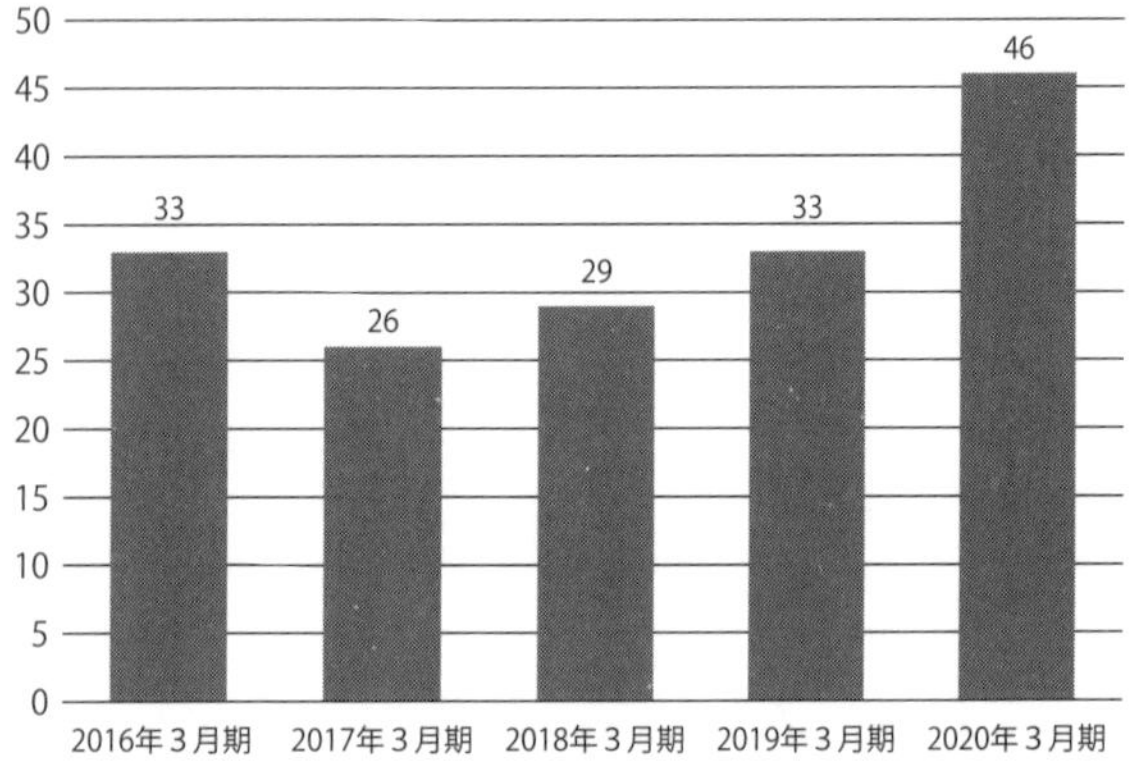

出典：「上場会社等における会計不正の動向（2020年版）」
（2020年7月15日　経営研究調査会研究資料第７号　日本公認会計士協会）

［図表5］ 会計不正の科目別の推移

	2016年 ３月期	2017年 ３月期	2018年 ３月期	2019年 ３月期	2020年 ３月期
その他資産の過大計上	2	2	3	2	10
工事進行基準	1	3	4	1	
循環取引	2	2	1		3
その他	1			2	8
財務諸表の不正な表示	1		1	3	
経費の繰延	2	3	3	5	13
在庫の過大計上	6	1	6	4	10
架空仕入れ・原価計算	8	4	10	12	22
売上の過大計上	8	12	9	18	19
合計	31	27	37	47	85

出典：「上場会社等における会計不正の動向（2020年版）」
（2020年７月15日　経営研究調査会研究資料第７号　日本公認会計士協会）

なかでも、科目別の推移を図表5でみますと、「在庫の過大計上」と「架空仕入れ・原価計算」が多く、「売上の過大計上」を上回っております。

「在庫の過大計上」は、在庫量と在庫単価の適正な把握という点、「架空仕入れ・原価計算」は、原価の認識、原価計算上の売上原価と在庫の適正配賦という非常に高度な論点に係るもので、私も何件か実務で遭遇しましたが、意図的なものばかりでなく、錯誤・誤謬によるものが多いですし、ずっと前例を踏襲していて、時代の変化に対応せずに結果として誤ったものも見受けられました。職業専門家としては大いに手腕を発揮すべき領域であります。

また同調査によれば、国内というよりも海外子会社、なかでも隣国で発展著しい中国子会社で発生が著しいという結果も出ております。これは、実務上、そう単純ではありません。海外子会社が契約している現地の監査法人ないしは海外ネットワークファームに必要な指示書（インストラクション）を送付し、重要な論点をしっかりと補強してもらう遠隔管理が必要であるからです。

このように業務プロセスそのものや拠点に、明らかに脆弱さがあり、かつ専門家としての指導性に限界があると判断する場合には、保守的に契約を更新しないという判断があるわけですし、専門家でも一定の経験やスキルが不足していると歯が立たないということは生じてきます。

自身に経験とスキルが十分でなく、またそれを補う指導もない状況で、監査業務上のリスクに対する意識が大きくなればなるほど、監査業務を敬遠することも無理からぬことです。またそうしたリスクが隣にありながら、同じ監査チームの職位の高い者が担当し、自身はリスクの低い勘定科目の業務を単純作業として大量にこなしている日々が続けばそれも飽きるでしょう。若い公認会計士人財の「監査離れ」の一因であるかと思います。

ただ、こうした企業の脆弱な部分を指導性により克服し、安定した経営基盤を確立することに貢献しながら、監査を毅然とした態度でやりきり、監査上の品質のマネジメントを行うことは、公認会計士冥利に尽きるやり甲斐のある仕事であることは間違いありませんし、その判断が、証券市場を通じて社会から要請されることは間違いありません。

コンサルティング業務における国際的規制

監査法人の業務は、監査業務のほかに、財務に関するコンサルティング業務が公認会計士法によって認められております（いまだに質問をいただくことがありますが、監査法人は、税務業務を行うことはできません）。

近時、四大監査法人は、監査業務以外のコンサルティング収入を拡大しています。これは、監査業務には、監査リスク、すなわち適正性を保証した財務諸表に虚偽があった場合に投資家から訴求されるリスクがありますが、そうしたリスクのない業務で、必ずしも業界独占できない代わりに、監査法人というブランドを有効に発揮して行う財務コンサルティング業務のことです。

思いつくままにコンサルティング業務の内容を申し上げますと、M&A関連の支援、財務デューデリジェンス（DD）、事業計画の立案・作成・モニタリング、株式・事業評価、企業内不正の調査・報告（フォレンジックを含む）、内部統制改善支援、国際業務としての会計、税務、財務支援、といったところです。大企業ほど専門業務を内製から外部化に切り替える動きもあって、その担い手として四大監査法人が実施しているのです。

公認会計士法では、監査業務との同時提供の禁止、すなわち、監査契約を締結している企業に同時にコンサルティング契約を交わすことは、コンサルティング収入を得ることで、経済的な独立性を阻害して、監査意見に影響を及ぼす可能性があるため、認められていません。

つまり、ここで四大監査法人が収入を伸ばしているのは、監査契約を締結していない企業に対し、コンサルティング業務を行っている場合、もしくは監査契約を締結していても質および量の重要性が低いコンサルティング業務を想定していただきたいと思います。

ここで、保証業務と非保証業務という概念を説明しておきます。保証業務は、財務諸表等に一定の信用を付与する業務であり、一般には監査（フルオーディット）、レビュー（手続を簡便化したなかでの保証）、AUP（Agreed Upon Procedures：会社と合意された手続に関する結果に対する保証）が保証業務として大別されます。それに対して、保証業務以外ということで、非保証業務といいます。

国際的にも圧倒的なブランド力を有する四大監査法人は、非保証業務を拡大しているところがありました。

　ところが、その非保証業務に関して、２０２１年４月に国際的機関である国際会計士倫理基準審議会（ＩＥＳＢＡ）が公表した非保証業務及び報酬に関する独立性規定の強化は、今後の監査法人運営にかなりのインパクトを与えるのではないかといわれております。

　ポイントは、大きく二つです。

・報酬依存度の高い上場クライアント（全収入の15％の監査報酬を占める）との契約が5年続いた場合には契約解消しなければならない

・監査法人は、一定の要件の非保証業務を提供することができない

　前者は、中小監査法人ですと、相対的に報酬依存度の高いクライアントが存在している場合が多く見受けられるので、その間に、業容を拡大して依存度を下げる、あるいは他法人と統合する必要があるということですから、一定規模の監査法人しか上場企業の監査は行えない、ということになります。

　問題は、後者の規制です。これにより、監査法人が非保証業務を提供するのに一定の制限を受けることになったのです。国内の四大監査法人では、だいたい業務収入全体の20％

以上、多い超大法人では50％超を非保証業務が占めている場合があります（p19、図表1参照）。

ある四大監査法人の幹部の話では、定型業務の監査業務だけでなく、コンサルティング業務部門を有することで、部門間の人事異動が、公認会計士のモチベーションとなり、リテンション（人財のつなぎとめ）に貢献していたが、この制限が課されると、よりいっそうの人財流出を招きかねないという危惧があるとのことです。

これだけ、監査業務をコアとする保証業務に対するニーズが高まり、その社会的要請に応えなければならないにもかかわらず、担う人財がさらに監査法人から流出することは、回避しなければなりません。しかしこのまま手をこまねいていると、より流出の動きが加速化する事態になるでしょう。

この国際会計士倫理基準委員会（ＩＥＳＢＡ）の動向と国内監査法人の対応には、業界人としても、これから目が離せません。

日本の証券市場の特異性から監査法人交代を考える

最近は、上場企業における監査法人交代事例が増えてきております。これを、日本の証券市場の特異性から考えてみます。図表6をご覧いただきたいと思います。

日本の証券市場は、世界の主要証券市場と比較して、

・上場企業数が多いこと
・1社あたりの時価総額が低いこと

に大きな特徴があります。

海外の有識者のなかには、日本の産業界は、業界再編せず、各社の資本集約力が乏しいから、業種としてもグローバル競争に伍していけない、生産性が乏しい主因だ、との辛口の意見がありますが、一方では、日本企業の経営者は、企業を自分の分身と考え、身売りをあまりせず、雇用に対しても責任感が強い、ともいえます。大企業がリストラをして全体の雇用者を減らしている一方で、中堅サイズの企業やベンチャー企業が雇用の受け皿になっているといった見方もあります。

［図表6］ 世界の主要証券市場の上場企業数・上場企業1社あたり時価総額（2020年11月末）

（単位：億円）

		上場企業数	時価総額	1社あたり時価総額
日本	東証	2,655	6,681,519	2,517
	ジャスダック	664	98,894	149
	マザーズ	332	93,387	281
	合計	3,651	6,873,800	1,883
アメリカ	ニューヨーク	2,834	22,403,455	7,905
	ナスダック	2,886	18,732,941	6,491
	合計	5,720	41,136,396	7,192
中国	上海	1,769	6,986,840	3,950
	香港	2,528	6,138,176	2,428
	合計	4,297	13,125,016	3,054
イギリス	ロンドン	1,117	3,870,446	3,465
	AIM	820	165,018	201
	合計	1,937	4,035,464	2,083
ドイツ	ドイツ	505	2,233,078	4,422

（出典：野村資本市場研究所の統計資料を筆者加工）

今後も、自由主義を標榜するわが国においては、産業行政による業種ごとのダイナミックな再編でも実施されない限り、こうした傾向は持続するのではないか、少なくとも私どもが設立した２００８年以降、リーマン・ショック、東日本大震災を経てもなお、その傾向に変わりはありませんでした。

現状、四大監査法人は、ミドルサイズの上場企業監査を準大手や中堅監査法人に監査人交代させています。これは、収益性や監査リスクを考慮した経営判断の結果と思われますが、そもそも、超大監査法人と中堅上場企業のミスマッチが持続していただけではないか、そのミスマッチにより、中堅上場企業は、監査法人による指導性の発揮を享受できず、きめ細かな対応が与えられず、満足度が低いとするならば、その担い手として組織風土の異なる準大手や中堅監査法人が受け皿となるのが正しいのではないか、すなわち、こうした監査人交代により、監査法人業界の正しい秩序、最適化につながるのであるならば、積極的に評価してよいのではないかと考えられます。この5年間で準大手監査法人および中堅監査法人が、監査業務シェアを獲得して、規模が1・5倍になっているということが物語っているわけです。

２００８年に私が法人を設立した時点で、すでにこの問題意識、すなわち、ミドルサイズの上場企業に対して適正規模の監査法人が必要ではないかと思っていました。

今後は、中堅の上場企業を支える気概のある面倒見のいい公認会計士人財がスピンオフして監査法人を新設するムーブメントが出てよいと思いますし、同業他社として中堅・中小監査法人が増えることは、国際比較で多いわが国のミドルサイズの上場企業群を支えるうえで、歓迎すべきことと思います。

ＩＰＯ市場における監査法人の役割

ＩＰＯ業務（Initial Public Offering：新規株式公開業務）は、監査業務のなかでも、面白くかつやり甲斐のある業務です。

私は、いまでも公認会計士の卵を採用するリクルート活動では、法人を代表し、先頭に立って、専門学校主催の法人説明会や事務所主催の説明会、合格発表前の懇親会や合格後の個別面談などに注力しておりますが、公認会計士業界に飛び込む新規人財の初々しい声のなかから、そのＩＰＯ業務に携わりたいという頼もしい言葉をよく聞くことがあります。

しかし、公認会計士試験合格者の大半が就職する四大監査法人において、現状、このIPO業務にあまり積極的ではありません。

IPO業務そのものは、

・IPOを目指そうという会社は、内部統制体制がぜい弱で、非常に手がかかる

・IPOがこれからであることから、資金が潤沢ではないので、監査報酬が多く受領できない

・必ずしもIPOが実現できる保証はない（確率が低い）

・コンプライアンス体制も万全でないため、反社会的勢力や反市場的勢力の侵入の可能性があり、問題が発生する可能性が少なからずある

言葉を選びながら、説明させていただきましたが、上場企業の監査に比べて、費用と便益のバランスが芳しくない、要は収益性が低いのです。しかも、監査リスクが一定以上存在する、したがって、海外ネットワークグループの求める収益性やリスク水準に満たないために積極的にはなれないということです。

経営判断としては、非常に理解できることではあります。しかし、IPO業務は、経験

値の高い熟練した専門家が大いに指導性を発揮して初めて成立する業務ですから、長い目でキャリアの浅い人財に経験を積ませることで、一人前の公認会計士を創り上げる場でもあるわけです。

もとより、監査法人業界全体として、将来の有望な企業や産業を育成・発展する手助けをしない、いやむしろその大きな芽を摘むようなことがあってはなりません。新たな企業や産業の担い手の発展の黒子として、支える社会的責務があります。金融庁が、関係者を集め、数度にわたる懇談会を開催し、議論しているほどに重要な業務分野であるといえます。

私は、2020年に「IPO推進室」を設置して、四大監査法人出身のパートナーを室長とし、監査法人のコア事業としてIPO業務を推進する体制を取りました。のちの第7章でも説明したいと思います。

監査業務といっても一様ではない

ここまで読んでいただきますと、実は監査業務も法人規模により一様ではないということとにお気づきになったのではないでしょうか。法人規模が違えば、クライアント規模も異なり、監査業務範囲、サービス内容が異なってくるわけです。

四大監査法人のクライアントは、主に業種を代表する超大企業になります。その企業規模では、準大手・中堅監査法人が担うことはできません。超大企業の管理部門には、人員および専門分野に明るい人財が豊富であり、監査業務に指導性を発揮する部分が限られると同時に、監査業務も膨大なので、監査チームの人員が多く、一人の業務も当然のことながら細分化されます。またその超大企業からコンサルティングの業務依頼があっても、前述のとおり監査との同時提供業務の禁止ということで、一部の例外業務を除いては受嘱できません。したがって、細分化された監査の定型業務を担当せざるを得ないことになります。

一方で、中堅上場企業やこれから大いに成長しようとする企業は、管理部門の専門の人財や人員を十分な状態に維持することは容易ではありません。正しい財務情報を適時に発信するためには、身近な存在として監査法人に頼らざるを得ないことが多いわけです。私が関与しただけでも、監査契約上のコンサルティング的要素を含んだ指導業務は、

・四半期決算の早期化
・新会計基準の適用
・原価計算精度の問題点とその課題解決方法
・実地棚卸の効率的、効果的な実施方法
・連結決算を効率的に編成するための業務ごとのスケジュール管理
・連結納税制度の導入の可否とその支援

とさまざまです。

自らが作成したものを監査する、これは、いわゆる「自己監査」となりますから、そうならないよう配慮は必要ですし、整備までは行っても運用は企業に行ってもらわなければなりません。しかし、その過程においては、専門家としての指導性が、マルチかつ非定型に発揮することが求められるのです。

このように、監査法人の規模により、監査業務といっても一概に同一なものではないので、監査業務に限界を感じても、法人規模の異なる監査法人の監査業務に関心をもつことは大事で、そうした選択肢はあってよいと思います。超大企業を支える責任・やり甲斐ももちろんありますが、ミドルサイズの上場企業を支える責任・やり甲斐も多々あります。

ぜひ、ミドルサイズの上場企業の監査に、そして中堅監査法人の監査現場にも興味をもっていただきたいと思います。

［第2章］

監査法人の役割・公認会計士のやり甲斐とは

過去を記録する仕事から、未来を見積もる仕事へ

会計士の役割は「企業の未来を見積もる」こと——。

かつては公認会計士の仕事は（経理そのものの仕事が、といってもいいでしょうが）、過去の記録を確認する地道で地味な仕事でした。せいぜい「未来」という言葉を使ったとしても、「将来、どういう会計基準になるだろうか」といった狭い意味での未来の話だったのです。

しかし、今、「未来を見積もる」といったら、それは意味がまったく違います。それは、監査対象となるクライアント企業の一つひとつの事業、ひいては企業そのものの将来価値を見通す必要があるという意味になります。その事業はどういう分野に属しているのか、その分野は果たして成長市場なのか、その市場、その業界のなかで、この会社はどのようなポジションにあって、近い将来、どのくらいのシェアを獲得できそうなのか、その成長戦略は妥当なものなのか。その戦略に沿って、人、モノ、金、情報といった経営資源が最適に配分され、しっかりと組織が動いていくのだろうか……。

四半期に一度は経営者とたっぷり議論しますし、キーパーソンをしっかりインタビューして、諸事情を確認したうえで、将来の価値を見積もれるからこそ、現在、この資産はこういう評価をして大丈夫なのだという判断ができる。それが、「未来を見積もる会計士の仕事ぶり」なのです。

やり甲斐のある仕事に変貌しているのですが、残念ながら、こうした意識はまだまだ当たり前にはなっていません。これまでの公認会計士は、どちらかというといわゆる「専門バカ」でよかったのです。その代わり、決められた仕事は真面目にこつこつ正確にこなす。そういう人材が重宝がられてきました。

たとえ経営者の考えとは違っていたとしても、「会計の世界ではこうなのです」「会計処理はこうなります」と主張すれば、それでよかった。経営者の戦略を検討して、未来を大胆に見積もる必要などなかったというわけです。

しかし、時代は変わりました。皆が目をつぶっていただけで、実は、ずいぶん前から変わっていたのです。公認会計士も、もう自分たちの殻に閉じこもった対応をしていればいいという時代ではありません。

自らリスクを取って、仕事をすることが求められているのです。

そのためには、「専門バカ」ではだめです。専門知識はもちろん必要であり、日々磨く必要がありますが、もっと広い知識と視野、まさに知見が必要となるのです。公認会計士の資格を取るための受験科目だけで、公認会計士の仕事が務まる時代ではありません。経営全般の知識、戦略や人事を概観できる知見、あるいはそれこそ心理学の基礎に至るまで、優秀な経営コンサルタントと同じように、多くの知識やスキルが公認会計士にも求められているのです。そのうえで専門知識も当然必要なのですから、これは大変です。

さらに加えて、その企業が属す、その事業が位置する業界の知識も必要になります。もちろん、各専門家や経営者などその業界のプレイヤーほどの知識が必要なわけではありませんが、出てきた戦略の実現可能性などを判断できるだけの知見は求められるのです。少なくとも的確なインタビューができて、その話の内容を理解できなければ、正確な意見表明など本来できるはずはありません。

監査法人はいつだって企業の戦略パートナーでなければいけない

監査法人の本来の立ち位置は、企業経営を継続させ、その発展に寄与することです。時には辛口の批評をすることも必要ですが、基本的には、企業の応援団であるべきなのです。企業だけではありませんが、さまざまな組織を応援することによって、ひいては日本という国を活性化していくことが、私たちの使命だと考えています。

そうしたなかで、グローバルな超大企業は、私たちの「未来を見積もり、担保する能力」にそれほど重きをおいていないでしょう。自らの組織力、人材力でそれは十分に可能だからで、私たちには粛々と監査業務を遂行することを求めているというのが基本的なスタンスだと思います。しかし予定調和的な相互のスタンスが、東芝不適切問題等の超大企業の粉飾事件を阻止できなかったともいえます。この論点は第5章で述べたいと思います。

監査法人が本当に力を発揮できるのは、上場会社のなかでもオーナー系企業を中心に中堅企業から一般的な大手企業、そしてベンチャー企業に対してです。超大企業ほど安定したブランド価値がまだなく、企業業績も決して安定していない、そうした多くの会社です。

成長市場にあって、右肩上がりの期間はいいのですが、そろそろ成長曲線が安定してきた、あるいは売上が下がり始めたときに、その傾向は一過性のことなのか、循環的なものなのか、それともよくない兆候なのかということを見極める必要が出てきます。そうした場合には、いくら経営陣は強気でも、場合によってはそれに異を唱えることも必要になるわけです。しかし、そこで新しい商品やサービス、事業が生まれてきた状況だとしたら、「既存事業がまだ収益を上げているうちに、この事業を伸ばしたい」「実際にマーケティングの結果、その可能性は十分にあると思われる」――こういった経営陣の期待値をどう見極めるかが同時に問われるのです。

ところが、問題は簡単ではありません。これは、現場の公認会計士だけの問題ではないからです。問題はマネジャーでも、パートナーでもありません。いちばん問題になり得るのが、監査法人本部の品質管理や審査会などの部署です。お目付役というか、ブレーキを踏む役。組織における防衛本能の中枢ですが、そもそもデフレ的なモノの見方、考え方をよしとする部署です。

例えばそうした部署では、現場の担当者が言わなくても、「これだけ急激に業績が悪化しているのだから、繰延税金資産の取り崩しが遅れて投資家を惑わせたら困るだろう。だからすぐに取り崩したほうがいい」などと言い出すはずです。

そうしたモノ言いに対して、現場の担当者やマネジャー、パートナーなどがどれだけ言い返すことができるかが問われるのです。将来性について、あるいは現在の状況の原因について、しっかりとした情報源にあたってインタビューを行い、関連するさまざまな文献にあたって、しっかりとした理屈づけをして、例えば「会社の出してきた計画で掲げている数字は、100は無理かもしれないけれども、8掛けならば、これまでの実績からみて十分に信用できる」などとしっかりと説明できるだけの行動力と能力が必要になるわけです。それができなければ、あるいはむしろ自分たちが慌ててしまうようでは、何でもかんでも「落としたほうがいい」「取り崩したほうがいい」という判断になってしまいます。

繰延税金資産について、簡単にご説明しておきましょう。

企業会計で計上した費用の一部が税務上、当期の損金とは認められないが、翌期以降に損金として認められる費用である場合、税務上の課税所得や納付税額が増加してしまいます。ここで生まれる会計上と税務上の税額の差額（一時的な費用に対する認識時期の違い＝

一時差異）を繰延税金資産として貸借対照表に計上します。いわば、将来の会計期間に帰属する税金費用を前払いしたことになるわけです。前払いをした分、将来の税金支払額は減少します。このキャッシュフローのプラスをもって、繰延税金資産の回収と考えます。

ところがその後、業績が低迷してしまって、繰延税金資産を回収するに足る所得が得られなくなってしまうと、この資産には資産性がないということになるので、取り崩さなければいけなくなります。その分、その期の業績も下がり、自己資本比率が低下するというリスクがあるのです。

例えば今後5年間にわたり得られる課税所得に相当する繰延税金資産を計上したとします。それだけ安定的な業績が認められる会社であったわけです。

ところがその会社の業績が急に悪くなってきたとします。こうした場合、審査会どころか、経験のない若い担当の会計士も、すぐに極端なことを言い出すことがあります。「この会社はもう危ない。こうなったらそう簡単に業績は回復しないから、繰延税金資産はもう全部落としたほうがいい」という話にすらなりかねないのです。後述しますが、りそな銀行の国有化、足利銀行の破綻、ＵＦＪ銀行の東京三菱銀行への傘下入りをもたらした主因もこの構図です。

私たち公認会計士は、自分たちがプレイヤーではないだけに、そのようにモノの考え方が企業以上にデフレ化してしまうことが多い、それは事実です。

しかし、考えてみてほしいのです。その会社はその期、業績が悪化しています。たぶん、赤字でしょう。そのうえ、5年分の繰延税金資産を取り崩すとすれば、どうなるか。5年分の将来課税所得の4割分ぐらいを積んでいた会社が、その分を当期利益のマイナスとして計上することになるわけですから、大赤字になることは間違いありません。巨額の赤字を計上しなければいけなくなるのです。しかも、そうした決算を組んだということは、その企業の将来性に「疑問あり」という結果を突き付けたことになるわけです。それを知った投資家は、間違いなく、「この会社は自分自身がもう、将来に自信がないのだな」と思うはずです。

そうなれば当然、株価は下がります。格付けも下がります。ファイナンスの道が断たれるわけです。金融機関も、そうなれば新たな融資をしようとは思わないでしょう。いや、むしろ返済を迫ってくるかもしれません。

一時的な業績の悪化であったものが、そうした事態に立ち至るかもしれないのです。成長できたかもしれない芽まで摘んでしまう。その責任は、いったい、誰にあるのでしょうか。

監査する側がそこまですべて考慮して、そのうえで責任をもって決断をしているのであればいいのですが、本当に残念ながら、そうではないケースが多い。それこそまるでサラリーマンのように、「上から言われたもので」「従うしかないから」「これ以上、責任を負いたくないですから」と言い訳をする担当者があまりに多いようです。

私が見る限り最近の監査法人、公認会計士は、残念ながら、未来を見積もるだけの知識、知見、経験、胆力を持ち合わせていません。監査先の企業のパートナーになろうなどとも思っていません。リスクを取るなど、めっそうもない――業界全体が、そのような態度にみえます。

そうしたスタンスでは、マンパワーはまだ少ない、しかしこれから伸びていって、将来の日本の経済界をリードしていくかもしれない若き企業はどんどん切り捨てられてしまいます。新しい成長産業をけん引すべき企業が育たないまま、切り捨てられていくということとなってしまうのです。

2000年に始まった会計ビッグバンからIFRSの時代は始まっていた

今、IFRSの任意適用が進行しています。しかし、実はIFRSが上場企業に実際に適用されたとしても、日本の会計制度がそれほど大きく変わってしまうわけではありません。そこには多くの誤解があります。

最大のポイントは、日本の会計制度は2000年の会計ビッグバン以来、すでに国際会計基準の適用を始めていたということです。だから今さらIFRSを恐れる必要はないのです。大きな流れ、いや、うねりともいえる時の流れは、すでに2000年の時点で始まっていたのです。会計に基づいて作成された財務諸表の監査の仕事は、世界で考えてもたかだか160年程度、また日本の監査制度も戦後に創設されて70年程度の歴史です。2000年以前、つまり20世紀の日本の会計士の仕事は、いかに過去の企業活動を処理し、正確に記述するかという点に絞られていました。それが2000年を境に大きく変わりました。前述した「未来を見積もる仕事になった」転換点は、この頃だったといえるでしょう。遠い将来を予見し、その予見に基づいて現在の資産や負債の価値を導き出し、それが適正かどうかを判断する。その時点で、会計士はそれまでの行動様式や思考様式を大きく変えなければいけなかったのです。

公認会計士にとって、企業側のカウンターパートナーは、それまでは経理部長がトップでした。ところが未来を見積もらなければいけなくなったために、最終的なカウンターパートナーは、今では経営者なのです。経営者にしっかりとインタビューをして、未来に向けた戦略をきっちり把握して、そこを〝よし〟とできるかどうかが監査の肝となってきたのです。そうした判断がベースになければ、「このままこの企業は、膨大な資産を積み上げていいのかどうか」といった問題も判断できません。

日本の企業においても、社長、専務、常務というだけでなく、CFO（最高財務責任者）という役職が誕生したのもその頃です。財務について把握し、判断し、決定し、そしてそれについて語ることのできる経営陣の一員です。

それから約20年、この期間はある意味では猶予期間だったわけです。だからこの間に、そうした流れにしっかりと乗ってスキルを磨き、そして準備をしてきた会計士、監査法人、そして企業は、すでに何の心配もいらないはずなのです。

組織の力が増大し組織人化、公務員化した監査法人

しかし、事態はそう簡単ではありません。

状況が変わったことで、端的にいえば、少なくとも多くの会計士はストレスフルになってしまいました。経営陣という、それまでとは次元の違う人たちに質問し、その真意を確かめ、時には激論を闘わせなければいけなくなったのです。会計士にしてみれば、この転換は驚天動地です。当然、くだらない質問はできません。

そこで、監査法人は何をしたか。個人の判断に頼るのではなく、組織の力を増大させた法人が多かったのです。未来を語り、経営陣に信頼されるために、膨大なマニュアルがつくられ、それに沿って逐一チェックをしていく。現場で個人が判断をしても、その判断がそのままオーソライズされるわけではありません。大手の監査法人では、それを組織としての判断にするために、審査を重層化していきました。

本来、公認会計士とは自己完結を旨とする〝自由職業人〟であるべきなのです。しかし、

その部分がこの時点から大きく揺らぎ、薄らいできました。職業的な危機です。自由職業人が、変質化する道筋ができてしまったのです。もちろん、監査法人の組織も変質してしまいました。

そうした状況を憂いていた人も少なくなかったのですが、皆、自分の年齢から判断して、事なかれ主義を貫きました。そもそもは年齢など関係がない職業なのに、組織人化していたわけです。

監査法人は、官か民間かといえば、当然、その軸足を民間におくべき仕事だと思います。私たちはお役所仕事をしているわけではありません。権力側か反権力側かといえば、明らかに後者です。仮に権力側がおかしなことを言ってきても、毅然として正しい判断を貫く立場であるのです。

しかし、組織人化の次に起こったのが公務員化でした。極論すれば、金融庁の下部機関になってしまうということです。そうした傾向も大きな危機です。公務員化したときに何が起こり得るかといえば、それは「専門家の視点から間違ったことを見つけたとしても、それを見過ごしたまま処理してしまう」といったことです。責任を取らなくてすむように、言い訳を考える。過去のケース、傾向からみて、こうなる可能性が高いという方向に未来を無理やりにでも押し込めてしまおうとするのです。

私たち監査法人は、プロセスを評価される立場の人間ではありません。結果評価がすべてです。結果が悪ければ、その責任から逃れられない。それはリスクです。そのリスクを回避するために、事実を直視しないということは、本来、あってはならないことです。

そのうえ、組織が大きくなって、公認会計士一人ひとりが、それこそ歯車の一つになってしまい、部分最適を求められる視野の狭い活動を強いられるようになってしまいました。そうなれば当然、〝気づき〟も少なくなってしまいます。

これは、許されることではありません。自由職業人としては、組織人化も公務員化も、忌むべきことなのです。「公認会計士はリスクを背負う自由職業人である」前提で制度構築している当の金融庁も大いに困惑し失望しているのです。

公認会計士の原点は〝自由職業人〟、そのことを忘れてはいけない

私は、公認会計士はあくまでも〝自由職業人〟だと思っています。

この言葉の意味するところは、揺るぎない専門性を背景にして、国家権力、大企業、あるいは特定の株主、さらに自分の所属する組織の圧力にも屈することなく、自由に判断して評価を決定する存在です。

もちろん、これは絶対権力者を意味するわけでも、常識に反して行き過ぎた判断を許容するということを意味するわけでもありません。自己を律することのできるプロフェッショナルを想定しています。そこが資格制度、すなわちライセンス制の意味です。モラルをもち、そのモラルをあくまでも守る。その意味において、いかなる圧力からも自由であるという意味になります。

確かに監査には組織力が必要です。しかし、多くの場合、特に巨大化した組織は自己防衛を始めます。組織論としては、そのことをあながち否定はできないのですが、自由職業人にとって、そもそも組織は必要悪となってしまうことがあるのです。

組織が自己防衛を始めると、その振る舞いは保守的になり、意思決定のデフレ化が進み、判断が後ろ向きになっていきます。そうした自らの組織の防衛本能という圧力からも、自由職業人は自由でなければ本来いけないのです。組織である以上、またルールを遵守することがあくまでも重要な職業ですが、だからといって、自主規制や自己保全的ルールという型にはまった行動規範や思考基準は、自由な判断の妨げになるだけです。そもそも組織は、自由職業人である各パートナーに全幅の信頼をおいて、それを補佐する存在であるべきなのです。

つまり公認会計士は、自分たちの職業をまっとうするために監査法人という組織をつくるのであって、その組織の歯車になるために組織に所属するのではありません。パートナーであれば、それぞれのメンバーが自分で仕事を見つけ、自分で判断して仕事を行うのが基本です。そうやって、さらに経験からスキルを磨き、最新の知識も習得し続けるものです。そうでなければ自己責任も養われることはないでしょう。

私が代表を務める監査法人アヴァンティアでは、大手監査法人ではまず認められていない兼業を条件付きながら認めています。その条件とは、監査法人業務に支障をきたさずに、自己責任を発揮するということだけです。組織で受けた仕事に迷惑をかけない範囲で、自己のリスクで請け負う分には、個人で仕事をしてもいいというルールです。そうすることで、職業人としてのスキルがさらに磨かれ、引き出しも増えて、成長していくことができると信じるからです。

例えばそのような自由を持ち込むことで、たとえ本部の審査会が後ろ向きの判断を下したとしても、そこに納得がいかなければ、しっかりと反論する、そうした気概も生まれるはずです。

繰り返しますが、公認会計士が〝サラリーマン〟になってしまっては終わりなのです。「上の決定なので、私にはどうしようもない」などと答えた瞬間に、その公認会計士の自由職業人としての地位は崩壊します。

そうした個々人の自己責任能力をふんだんに発揮させることなく、むしろ軽視する組織は、知識労働者を主とする21世紀型組織ではないと、私は思っています。

だから私は、組織の適正規模を重視したいと思っています。第3章以降で詳説しますが、私がアヴァンティアを設立し、将来的にも適正規模に保とうとしているのもそのためです。そもそも監査法人の根幹を成すパートナー制は、大規模組織には似つかわしくない制度であるはずなのです。

「戦略を理解できない者は監査をしてはいけない」が基本

では、私たち公認会計士は、企業の未来を見積もるために、どのような点にますます留意すべきなのでしょうか。

例えば買収などの際に行うデューデリジェンス（相手側の企業価値の精査）を考えれば、わかりやすいと思います。

特に技術のデューデリジェンスが必要な場合は、その業界のこと、技術の動向もつぶさに調べて検討することが求められます。デューデリを行うと、「高いシェアがあっても、市場規模が小さい」「すばらしい研究内容だが、実現可能性が低い」、逆に「あまり目立たない用途特許だが、その可能性はどうやら非常に大きい」といったことがわかるはずです。その結果として企業や事業の価値を推し量り、売値、ないしは買値を見積もっていくのです。本来あるべき監査もそれに似ています。戦略を知り、未来の姿を把握し、将来価値を見積もったうえで、現在価値に割り引きます。単に会計処理を確認するのではなく、戦略面からも検討すべきなのです。

もちろん、すべての面において私たち公認会計士がデューデリジェンスのように監査ができるわけではありません。ただ、ここで必要な考え方は、財務デューデリジェンスだけでは未来は読めない。事業デューデリジェンスや法務デューデリジェンスといった面も、浅くともレビューできるぐらいの知識は最低、必要になるということです。そうした面のレビューを財務デューデリジェンスに活かすことができる能力が、求められているのではないでしょうか。

そこまでできれば、その会社はもちろん、その業界においても、公認会計士として、監査法人として、誰よりも事情をよくわかっている、そうした欠くことのできない存在になることができます。

その結果、経営者の強気の見解を支持したとします。しかし、その見積もりが必ず当たるとは限りません。外れるリスクは常にあります。だからこそ、多くの公認会計士は慎重姿勢を貫いてしまうわけです。

例えば株主から、「2年前に10%成長するとしていたけど、ほんの数%じゃないか」などという批判を浴びるリスクです。しかし、そこを躊躇する必要はありません。経営者にも私たちにも、予知能力があるわけではありません。だから今の時点できっちりとした調査を行い、「確かに、この事業計画どおりになる可能性は高い」という判断をしたのであれば、そうした会社の決定に異を唱えなかったとしても、公認会計士の職業倫理に照らしても何ら問題はないのです。そう反駁できるだけのエビデンスをきっちりもっていればいいだけです。

この場合は、10%が数%でもプラスだからまだいいのですが、例えばこれが、業績が5%伸びるという予想が、マイナス10%だったらどうでしょうか。そうした決算報告書を信じて株を買ったという株主は激怒するかもしれません。「マイナス10%だとわかっていれば、株など買わなかった」というわけです。しかし、それでも、「5%のプラス」を適正としたときに、どれだけしっかりと調査をしたかというエビデンスがあれば、そのうえで、しっかりと検討をして答えを出したのであれば、まったく問題はないわけです。

もっとも、会社側としても、それほどしっかりとプラス10%やプラス5%になるという根拠は出せないでしょう。そんなことがはっきりわかっていたら、こんなにやりやすい経営はないわけです。特に新しい会社、新市場を切り拓く、新商品を投入するという会社の場合、どれだけ実際に売れて収益がどの程度になるかなど、保証できるはずもないのです。しかし、そうであっても、きちんと経営者や担当者の説明を聞いて、さまざまな角度から事業計画を吟味して、どのような理屈で受注見込みを立てたのかを検討し、それに必要な技術や資金、人材、流通ルートなどがきちんと確保されているかを確認している、そうしたプロセスを経ていることが重要なのです。

現場から経営陣にまで、いかに効果的な取材ができるか

そのための専門知識を、できる限り取り入れることが必要ですが、なかでもいちばん必要なスキルは、取材力です。

取材といっても、単に通り一遍のインタビューを行うのではなく、しっかりと本音を聞く、あるいはニュアンスをつかむことが必要になります。また一方で、裏取り取材も必要になります。例えば経営者が話した内容について担当責任者に聞く、周辺部署にも聞く、あるいはさらに取材範囲を広げ契約書類等の証憑を確認する必要があることもあるでしょう。「経営という現実を直視する」、これは、これまでの公認会計士にはたぶん、求められ

なかった、そのために身につけてこなかった能力だと思います。

しかし、そうやって、限りなく真実に近いところまで正確な情報を取材できるかどうかということが、監査業務の真髄だといっても過言ではないでしょう。監査を意味するaudit は、オーディオと語源が同じです。「聴く」ことが基本なのです。オーディエンスになって、監査を行うのです。そのためには、いかに正しい情報をもっている人にコンタクトを取れるかが大事です。しかし、往々にして、そういう人と向き合うのは簡単なことではありません。こちらが素人だと見切られれば、決して本音など話してもらえません。だからこそ、実力をつける必要があるのです。いくら聞くことが大事であったとしても、そこでは当然、質問力が問われます。また、聞いたことをいかに理解できているかも問われます。

誰がどういう情報をもっているのか、このプロジェクトに関わる人は誰で、そのうちの誰がキーパーソンなのか、そもそも意思決定されるためには、どのような情報が必要だったか、開発および量産化には何が必要で、この会社はその必要なものをもっていたのか、資金繰りについてはどこで聞けばいいのか、などなど、大きなプロジェクトであれば、それこそ調査範囲は多岐にわたりますが、時間は豊富にはありません。

そのうえで、そうした情報の断片を吟味するだけでなく、全体を通したストーリーがしっかりと描けるかどうかが問われます。将来のエビデンスとなり得るのも、そうした生きた情報です。ただの数字の羅列ではそこまでは担保できません。そのプロジェクトが内包するエネルギー、やる気もまた重要な要素です。さらに開発本部長に聞く、営業本部長にも聞く。会社が一体となって担保しているかどうかを把握する。最終的にCFOに聞いてそれまで積み上げてきたストーリーとの妥当性を吟味する。

先述したように、今は経営者とも話をします。日本公認会計士協会が決めた基準では、「経営者とのディスカッション」が必要とうたわれています。そのため、CEO（最高経営責任者）やCOO（最高執行責任者）、またCFOとは当然、コンタクトをもちます。

もちろん、そうした場が、例えば1年に1回の単なる表敬訪問では意味がありません。まだまだそうしたケースが多いとも聞きますが、それでは企業のパートナーとはいえないでしょう。

例えば私は今、上場企業の監査クライアントを10社以上担当していますが、年4回は必ず社長と面会します。そのインタビューは非常に重要です。その会社の成長ぶりを、しっかりと判断しなければならないからです。この会社の価値は上がるのか、それとも落ちるのか。許容範囲の落ちなのか、あるいはそれを超えた落ちなのか……。このときに、先ほどのデフレの発想が基本で判断すると、「何であれ×」ということになってしまうわけです。

人間、「×」をつけるのは簡単です。慎重で保守的な見解を述べれば、その時点では何であれ、真っ当そうな説明はできてしまうからです。

「この新規事業は大切です。これまでは赤字でしたが、こうした理由で売上を今後伸ばすことができます。顧客もやっとついてきました」といくら聞いても、「いやいや、そんなにうまくいくとは限りません。第一、この業態は今、過当競争じゃないですか。だから、落としてください」と言ってしまう。そうすれば、会社側は落とさざるを得なくなります。

〝落とす〟というのは、資産計上から外すということです。例えば将来価値が担保できない開発行為は、単なる研究活動であって、資産価値を認めることができません。つまりはそこでかけている経費は一般的な費用に過ぎないというのが会計上の見方です。言葉を選ばなければ、まだ何の見込みもない、自社の単なる思い込みで開発をしているだけの技術なりシステムなりの製品ということになります。

従来の日本の会計基準では、研究開発費は原則としてすべて、販売管理費に費用として計上していました。これがＩＦＲＳでは、開発費のうち、「開発の完成が技術的に可能か」「開発の成果に使用または売却する能力があるか」など６項目の条件を満たすと資産化しなければなりません。つまり、市場投入の目途がついた段階以降の開発費を、経費でなく、資産に計上することを要求しているのです。

６項目の条件ですが、ポイントは二つです。一つは、その会社がその開発を遂行できるだけの資金、技術、人材、環境を整えているかどうか、つまり実現可能性です。もう一つは需要サイドのエビデンス、すなわちニーズの特定です。市場においてこのくらいのニーズが見込める。それだけのニーズが見込めれば、これだけの売上、そしてこれだけの利益が見込めるという販売計画、あるいは事業計画の正当性を担保するエビデンスです。

その両方があれば、その開発物は将来収益を生むことができるから、資産として計上しても大丈夫と判断できるわけです。すなわち、計上が正当化できることになります。これは、「開発費の資産計上」という先述したＩＦＲＳによる変更点の一つで、今後会社も、監査法人も考えなければいけない論点といえます。

かなり画期的な発明でない限り、今やプロダクトアウトよりもマーケットインを重視すべき時代です。つまりはどれだけ具体的なニーズがあるかということです。ＢｔｏＢの独占契約や、問屋や有力な流通チェーンからの引き合いなどです。契約書や合意書まではなくとも、そうした約束をいくらかでも担保するエビデンス、覚書やメール文書、メモなどがあれば、有力な根拠にできるわけです。

それがない場合は、事業計画を精査し、そのマーケット予測の正しさを判断するしかないということになります。数量と単価を企業のマーケティング活動や経営企画活動のアウトプットから入手して、その合理性を過去の実績や経営戦略（経営資源の配分戦略）と整合させながら、総合的に、かつ統合的に判断することが肝要です。

いずれにしても、いかに実地に意味のある取材ができるかに、すべての判断はかかっているのです。

公認会計士がしっかりしなければ企業が揺らいでしまう

もちろん、資産には計上できないという判断が正しい場合もあります。経営者の暴走を止めるのは公認会計士の務めです。ところが、「計上できない」といったときにはその会計士は判断しているようで判断していないことがあります。しっかりと吟味して判断しているのではなく、まったく判断をしないからこそ、「×」しか答えが出てこないというケースです。

メインバンクにしても、商売ですから、そうそう簡単に取引先企業を見放すということはしません。「この1年は支える」などと明言はしないものの、あくまでも取引先を潰さないようにして、元利金を回収するのが使命ですから、特に上場企業から簡単に手を引くなどということはありません。ところが、銀行取引関係に疎い、あくまでも慎重な公認会計士は、「銀行が急にだめだと言ったら、どうするのですか?」「そう言い出さない保証はないじゃないですか」などと言って、自分の弱気の判断を正当化しようとするわけです。それが高じて、実際に「メインバンクの頭取名で、1年間ずっと貸し続けるという念書を入手してください」という非現実的な条件をつけた監査法人の担当者もいたと聞きます。

企業の1年以内の存続可能性について疑義がある場合には、企業がその疑義と合理的な計画などを注記する「継続企業の前提に関する注記」（いわゆる「GC〈ゴーイング・コンサーン〉注記」）の問題があります。2009年までは、1年以内の存続可能性について必要な事業計画の合理性についての判断を自分たちでは担保できないというので、「意見を差し控える」（意見不表明）などというケースも起こったのです。

監査法人が意見を差し控えるということは、ご承知のとおり、結果としては上場企業に上場廃止を迫ることになります。通常、意見を差し控えるというのは、重要な監査手続が行えない、あるいは重要な未確定事項があって意見を表明することができないような場合に限定されます。それだけ企業の生殺与奪に関わる重大な判断です。私も数度経験しましたが、窓の外を眺めながら、夜が白むまでずっと考え続けたこともあります。

しかし残念ながらGC注記のなかには、経営計画の目利き能力があまりにないだけの結果ということもあるわけです。

「財務諸表は正しい。しかし、将来の事業計画が本当に正しいかどうか判断がつかないから意見を出さない。「ゴーイング・コンサーンという観点からわからない」

そう言っているのだとすれば、それは明らかにビジネスルールに対する会計士としての資質の欠落を示しているといわざるを得ません。企業の発展に寄与するためのパートナー、プロフェッショナルとしてみれば、いかにも頼りない存在ということができるでしょう。

それは監査法人の本来の立ち位置ではありません。

しかし、業を煮やしたのは業界ではなく、金融庁でした。金融庁の監査業界への信頼が揺らぎ、このままでは上場企業が次々に倒産してしまうと心配したのです。そこで基準を改定しました。例えば1年以内に重要な不確実性がないとすれば、いかなる注記もつけない。重要な不確実性がある場合だけ、注記をつける。その代わり、まったく意見を差し控えるという制度を廃止し、不必要な倒産を未然に防いだのです。２００９年４月のことです。

監査法人業界としては、金融庁からこのような対応を受けること自体、誠に残念な話です。安堵している場合ではありません。

自らリスクを取り企業と同じ船に乗れ

先ほど述べたようなインタビューの力、ストーリーを紡ぎ出す力、そうした力をつけた会計士と、つけていない会計士では、その差は歴然と開いてしまうのは必定でしょう。未来を見積もるための取材ができるということは、すなわち企業そのものとのコミュニケーション能力が高いということだからです。

しかも、質問は相手の気づきを誘発することも多いものです。

「そうやって聞いてもらって、なるほど、その点は考慮していなかったと気づかされた」というようなケースです。

私はこれも、いわばIFRS効果だと思っています。つまり、会計ビッグバン以降の会計基準の変更は、経営の意思決定をどんどんと透明化しているからです。IFRSを考慮すればするほど、マーケットイン志向で未来を見積もっていかなければいけなくなる。財務が戦略に近づいていく。そうすれば、意思決定も明確になっていく、というわけです。

そうした意味でも、私たちがその会社のことを思いながら、しっかりとインタビューをしていって、未来の話を多角度からストーリー化していくことは、自分たちのためであると同時に、その会社の未来の経営を透明化し、担保していくことにもつながるのです。

真摯に質問していけば、経営者も気づきます。

「そう言われてみると、確かに、この伸び率がどこから出てきたのかわからないな。うん、根拠が希薄だ。もう少し、現場からしっかり情報を取らないとだめだね」とか、「確かに、この段階でこんなに急に利益率がよくなるわけはないな。効率化するといっても、根拠がない。もう一度、原価部門に聞いてみよう」などということもあります。

経営者に従属してはいけない。だからといって、経営者の意見をデフレの発想でうがって聞く立場だけになってもいけない。重要なパートナーとして、その決定を透明化していく。そのうえで、直すべきところは直し、大丈夫だとなれば、その決定を担保していく。そうした存在にならなければいけないのです。そうでなければむしろ逆に、私たちの職業は必要悪になってしまいます。

経営者を船長として出航する船を、岸壁で見送るのではなく、自らリスクを取って、その船に乗り込む。そうした胆力が求められているのです。

「未来を見積もる」だけでなく「未来を築くお手伝いをする」ことが大切

重ね重ね、監査人がすべき判断は簡単ではないと思うようになってきました。その会社が本当にその事業を期限までにテイクオフできるのか、あるいは必要な開発を完了させられるのか、合意書があるとして、その納期を守れるのか。今の進捗率はどうか。そのプロジェクトに炎上リスクはどの程度あるのかといったことを、しつこく、それこそジャーナリスティックに聞いて回って、判断する。私たちはそもそも取材に関してはプロではないから、やはり、ここは地道な努力で経験を積むしかないということになります。

私たちのステータス（社会的地位）は上がったと考えています。公認会計士は経営と向きあい結果責任を負う立派な仕事と思います。

しかし、私たちが努力を惜しめば、実質的には認められずに、そうした地位はすぐに劣化してしまいます。

そのためには、特に経営陣へのインタビューにおいて、ただ一方的に聞くだけでなく、何か、それこそ少しでもお土産を置いていけるように準備をする必要もあると思います。

先述したように、質問することで大切な気づきを提供できれば、それは大した成果と言うことができるでしょうが、それは結果論です。だから、自分たちが調べた結果から何か経営者が見過ごしている情報を提供できるか、あるいは自分たちの知見からアドバイスできることがあるか、そうしたことも考えます。

最近は経営者から、景気動向や異業種での変化動向、金利動向なども聞かれます。やはり生の新鮮な情報は貴重なわけです。その場合は守秘義務に気を配りながら情報をお伝えすることも重要な役割だと思っています。

さらに、そうした気構えで管理部門の人などと話をしていると、時に、先方から「せっかくなので、私たち内部の人間では聞けないことを会計士の立場から聞いてもらえませんか」と依頼されることもあります。それを聞いて、私たちなりに加工して質問をすることもあります。そうした場合などは、経営者も驚かれます。

いずれにしても、判で押したような質問、回答、提案などはもういらないのです。いつものような質問書を用意して、ただ単にそれについて回答してもらうというスタンスでは足りません。「最近の課題は何ですか？」と率直に聞いて、経営者の本音を引き出して、その内容をしっかりと受け止めて、その場で監査のプロとして、その点についてどう考え、どうすべきかということを答える。そして経営者に認めてもらう。そうした真剣勝負の場での対応力が求められているのです。

しかも、相手は上場企業の社長で、自分よりも多くの経験を積んでいる百戦錬磨の人物であるわけですが、だからといって、監査や会計の専門用語を詳しく知っているわけではありません。専門家としての意見を言うにあたっても、相手にその意味が通じないかもしれない専門用語を連ねて説明するのは素人です。専門的な見解を、いかに平易に、わかりやすく説明し、見解を述べることができるかが問われます。そうでなければ、いくら正しいことを述べていたとしても、コミュニケーションを取ることができません。それは一方通行の言葉で、相手は「まあ、いいや」と思うか、あるいはこちらを叱責するかのどちらかでしょう。

監査法人の仕事は、企業の未来を見積もり、また企業が未来を築くためのお手伝いをするすばらしいものです。男女を問わず気概をもって専門業務をまっとうする値うちのある職業です。その責任を果たすためにも、公認会計士は、たとえ組織にあっても自由職業人としての立場を貫くべきなのです。

それがなぜ簡単ではないのか、次章では少し歴史を紐解きながら考えていきたいと思います。

［第3章］

会計ビッグバンから始まった、監査法人受難の時代

バブルの時代に銀行という組織を経験

この章では、私自身の過去を追いながら、少しだけ監査業界というものの歴史を紐解いてみようと思います。

私は大学に入るまでの中学・高校時代は、どういった職業に就くか、ずっと考え続けていました。政治家、医師……。ただ覚えているのは、高校2年のときに手にした旺文社から出版された『スペシャリストへの道』という本です。たくさんの職業専門家が紹介されていて、弁護士、公認会計士などのページを折ったのを記憶しています。その一方でぼんやりとした願望のようなものも持ち合わせていました。官僚になることです。当時の大蔵省か通産省。城山三郎氏の『官僚たちの夏』への憧れがあったのだと思います。

ただ宇都宮高校卒業後進学した一橋大学は、官僚側つまり権力側というより、むしろ反権力的な校風です。またそれと大学1年のときに、別の道が私に指し示されていました。

友人の一人が、当時では珍しいことなのですが、大学1年からダブルスクールをしていました。その理由が「公認会計士を目指す」というものだったのです。彼は私とは違って優等生で、大学の授業にも真摯に向き合っていました。私は、学校に近い彼の下宿に足繁く通って勉強を教えてもらっていたものです。ところがその彼が、ある大学の大学祭の折に急性アルコール中毒で急逝してしまったのです。

その後、大学2年から3年にかけて、私はこれといった大志を抱くこともなく過ごしました。3年生になって、改めて真剣に就職のことを考え始めたときに、国家公務員という可能性とともに頭をよぎったのが、「スペシャリスト」という言葉でした。それで思い出したのが、急逝した友人の目指していた公認会計士だったのです。彼に頼まれたわけでもなく、遺志を継ぐというのは言い過ぎですが、結局は自分もその道を目指してみようと思い立ち、勉強を始めました。そして新卒就職を考慮して、1年留年し大学5年目の夏の公認会計士の試験に賭けました。

その合否がわかる前に、売り手市場だった就職戦線で大学時代の同級生からいくつか誘いがあり、その渦のなかに巻き込まれました。今のみずほ銀行の専務にまでなった大学の先輩にこのようなことを言われたのを覚えています。「君のように会計士になって、企業の外から企業をみるというのも立派な仕事だと思う。だけど、内部のことがわからないで、いきなり外部からコンサルティングや監査などできるわけがない。そもそも日本を動かしているものが三つある。一つは官僚、一つは銀行、そして一つは商社だ。ただ、今はバブルなので三つ目は証券会社だ。だからまずは経済産業界を動かしている銀行で力を磨いて、産業活力の担い手になってみないか？」

私はすっかり、その言葉に動かされてしまいました。特に「内部をみる」「動かしてみる」という二つのキーワードに感銘を受けました。

結果、１９８９年に第一勧業銀行に入行。まさにバブル絶頂期です。しかも配属先は大手町支店でした。多くは語れませんが、今にして思えば本当に貴重なバブルの経験を優秀な諸先輩方とともにさせてもらいました。もっとも、会社の経費がこれだけ出たといった左団扇の話ではありません。毎月のようにある歓送迎会に、私たち下っ端から課長まで、「いったいポケットマネーをいくら使うのか」という話です。だからといって、それほど給料がよかったというわけでもありません。私が入社1年目の12月に、日本の株式市場は歴史的な高値、３万８０００円台をつけますが、当時の銀行マンは、傍からみるほど裕福でも何でもなかったと思います。ただ、慣習としてやっている行動だけがバブルだったのです。異常でした。まさに泡だったのです。ローンを組んでまで購入した1500万円もするゴルフの会員権は、今50万円でも売れません。

仕事のほうも、今とはだいぶ違います。私は預金、為替、外国業務等の一定のローテーションを経て、営業に立たせてもらいました。貸出業務の何たるかもわからないまま、有力なお客さんをもって頑張っていました。1990年3月には当時の大蔵省から総量規制という行政指導があって、不動産融資に対する制限も強化されていたのですが、それでもノンバンクから貸すなどの抜け道もあったわけです。とにかく、貸すことが銀行の正義であった時代でした。

ところが1991年になると様相は一変します。バブル崩壊です。今度は金を貸すのは罪悪人の所業のようにいわれるご時世になってしまいました。一転して、「とにかく、貸した金を回収しろ」という話になったわけです。これは、本当にきつい仕事です。

その後、入行して丸3年が経過すると、公認会計士試験の三次試験を受ける時期が迫っていました。試験勉強をしていた友人の何人かに話を聞くと、彼らの勉強のペースに私はまったく追いついていませんでした。当時の銀行マンに、土日も夜中もありませんでした。

今のように情報管理もヘルスケアもない時代です。勉強する時間をつくるのは至難の業でした。

悩んだ末に、初心に戻ろうと思ったのです。企業というものの内部も一応はみた。日本を動かす三つの力の一つといわれた銀行も、今は昔の話になりつつある。それで、お世話になった人たちに仁義を切って、退職したのです。

太陽監査法人で自分を磨いた10年間

退職はしたものの、自分のなかで銀行を辞めるということは、〝下野〟するという心境であったことは否定できません。だから、大手の監査法人に行くという選択肢はありませんでした。それでは自分のなかで言い訳が立たなかったのです。大組織に頼るのではなく、自立できる立場になりたい。スペシャリストとして、すぐには無理でも、あとで「初心はこうだった」と言える、説明をつけられる、そんな立場になりたいと考えていました。だからといって、自分で事務所を開くという選択肢は最初はなく、将来の独立を考え、中堅の監査法人を訪ねました。ところが、意に沿う規模の監査法人、あるいは公認会計士事務所というものは実はなかなかなかったのです。二極分化というか、当時は今以上に大手法人か個人事務所かといった構図でした。個人事務所では、その事務所の所長さんとの相性がすべて、しかも仕事の内容も偏ってしまいます。ある程度の自立性を担保できて、オールラウンドプレイヤーとして自分を磨くことができる。そうした法人は非常に限られていました。

そうしたなかで、偶然にも、太陽監査法人（現・太陽有限責任監査法人）の梶川 融氏に巡り合うことができたのです。当時、業界のなかでは抜群に輝いている人でした。瞬間的に、「ここでお世話になろう」と決めました。

それで1992年に正式入所したのですが、最初はそれまでとのギャップに驚きました。銀行はとにかく忙しかった。時間との勝負で、貸出先が資金ショートするかどうかなど、まさに真剣勝負の局面が少なくありませんでした。監査法人の日常は、それとはちょっと違っていました。

まず驚いたのは、朝、席につくと、女性の職員の人が、お茶を出してくれたことでした。私にはそれは、ほのぼのとした光景に映りました。そんな平和な気分は、その後、何年も続きました。

その間に私は実務を通じて、会計はもちろん企業経営というものについて、ずいぶんと勉強をさせてもらいました。監査業務のすごいところは、さまざまな会社でいろいろな資料をみせていただく。さまざまな仕組みを聞く。業界ごとにどのように実務が流れているのかを、上場企業内の専門部署の人から逐一、聞くことができる点です。

経営コンサルタントであっても、最初からそこまでの情報はないはずです。コンサルタントの場合はいろいろとヒアリングをしながら、経験から想像力を駆使してプレゼンテーションをして、成約に至る。その道中は結構、神経を使うものでしょう。監査の場合はそうした神経の使い方はしません。大量の資料を含めて、情報はすべて先に開示されるのが原則です。それも、監査業務ですから上場企業の情報です。日本のなかの、ベストプラクティスといってもいい事例を学ぶことができるわけです。これは、そもそも公認会計士にとってのアドバンテージだと今でも思っています。もちろん、財務や経理に関係のないことも、何であれ資料の提供を受けるというわけではありません。それこそ、人事評価について聞くなどというのは非常識でしょう。しかし、それでもなお、企業経営の根幹に関わる情報がたくさん入ってくるわけです。

そうしたなかで、実際にはこのように資金繰りをしているのか、事業計画というのはこういう形でつくるものか、決済プロセスはこうなっているのか、など、監査という仕事だけからいえば、形式的に確認すればいいような部分も、私は興味深く勉強させてもらいました。

そうした、業務と勉強がいわば両立していた比較的平和な時期は、入所後10年ほど続きました。その間に、私は自分の引き出しにせっせと知識や知見を仕舞い込んでいたのです。引き出し自体を増やしてもいました。

特に最初の5年間は、がむしゃらに監査業務をこなしました。自分の限界を知りたいとでも思っているかのように、次から次へと担当する会社を増やし、まさにフロー体験のなかで知見を積み上げ、スキルを磨いていきました。

その後、今に至るまで、そうした蓄積が監査業務だけでなく、財務や税務に関するコンサルティング業務などにも活きています。

監査というと、定例的な業務と思い込んでいる人も少なくありません。定例的で行政的なサービス、あるいは社会的なサービスと割り切っている人も少なくないようです。しかし、それは違うと思います。監査は、第2章でも述べたように、クライアント企業の成長と発展の手助けになるサービスですから、公認会計士にもニーズに合わせて幅広い対応ができる懐の深さが必要だと思っています。粉飾に加担するのではと思われるような低次元のレベルの議論はもちろん超えています。

通常、監査法人は3月、6月、9月、12月の各四半期決算日後の1カ月半ぐらいが非常に忙しくて、その後の1カ月半は比較的穏やかなものです。昔は中間決算と本決算の年2回でしたから、3月と9月のあとのそれぞれ1カ月半が忙しいだけでした。ところが私の繁忙期は、入所して5年ほど経った頃からそうした他の人の繁忙期とは逆になっていたのです。この一般的な繁忙期は、逆にいえば固定した業務をこなすしかない時期です。そこはもちろん、しっかりとこなさなければいけないのですが、コンサルティング業務や税務の仕事はいったん中断して、決算業務に集中するわけですから楽といえば楽なのです。逆に、そのほかの期間にほかの業務をすべてこなす必要があるわけです。企画提案や調査、あるいはソリューションの開発、はたまた本や論文の執筆、勉強会への出席や営業、提携交渉なども含まれます。終電あるいはタクシー帰りの日々を過ごしながら、自分を磨き上げました。

会計ビッグバンと中央青山監査法人の消滅

そうした状況で2000年を迎え、会計ビッグバンが起こりました。これは、日本の会計制度を国際会計基準に近づけるために行われた、会計基準に関する一連の変更を意味します。その柱は、時価会計の導入と連結重視の決算でした。そして、税効果会計、金融商品会計、退職給付会計、減損会計などが順次導入されました。

その結果として、公認会計士に求められる会計士像もがらりと変わってしまったのです。

企業の過去の実績をきちんとまとめる、いわばコンサバティブな監査手法では足りなくなって、企業の経営者が何を考え、どのような戦略を立案し、実行しようとしているのか。その成果としていかなる収益力が得られるのかということを予測しないと、会計処理を完成できないというふうになってきたわけです。

そのあとに、カネボウ問題やライブドア問題などで粉飾決算が連続して起こりました。

いってみれば、これらの問題は会計ビッグバンが引き起こした、あるいは明るみに出した“歪み”であったわけです。

2000年5月に公認会計士法が改正されました。金融庁はこれに基づき、公認会計士審査会を改組し、公認会計士・監査審査会を設置、その権限を強化し、会計監査についての検査を開始しました。また同法の改正では、同一企業を担当する公認会計士を7年で交代させる制度も導入されました。

背景には1997年から1998年にかけて経営破綻した山一證券、日本長期信用銀行や、日本債券信用銀行の粉飾決算問題がありました。山一證券の破綻では損失を簿外処理していたという問題が、また後者では不良債権の貸倒引当金を過少計上したという問題が各々指摘されました。また2003年に行われたりそな銀行への公的資金注入と足利銀行の一時国有化においては、自己資本に算入する繰延税金資産の扱いで、監査法人が金融庁の判断に合わせて方針を変更したことが問題視されました。

総じて、監査法人の独立性、そして信頼性が揺らいでいると判断せざるを得ない状況を呈したわけです。

カネボウ問題は、2004年に発覚したカネボウの旧経営陣による粉飾決算事件です。産業再生機構に支援を要請したのですが、その後、2000年度から2004年度まで5期にわたって総額2000億円以上を粉飾決算したということが内部調査で判明しました。実は1996年から債務超過の状態だったのですが、歴代の経営者が赤字を子会社に移転したり、在庫や投融資の資産を過大に評価、あるいは黒字の子会社から利益を移転するなどの手法を繰り返して、粉飾を続けていました。結果、2003年と2004年の決算の粉飾容疑で元社長と元役員が逮捕、起訴されましたが、さらに、同社の監査を担当していた中央青山監査法人（当時）の公認会計士3人もまた証券取引法違反で起訴されたのです。

この事件は、企業の経営者と公認会計士とが共謀して、長年にわたって粉飾決算を繰り返し、結果、会社が実質的な倒産に追い込まれたというもので、監査法人と企業との馴れ合い体質が改めて問題視されるに至ったのです。

中央青山監査法人は、そもそもは監査法人中央会計事務所として発足しました。その後合併を繰り返し、また1984年にはクーパース・アンド・ライブランド・インターナショナルのメンバーとなり、中央監査法人と社名を変更、さらに、2000年にはクーパースがプライスウォーターハウスと合併したことを受け、プライスウォーターハウスの提携先であった青山監査法人と合併して中央青山監査法人となり、その後も合併を繰り返し巨大化していきました。

カネボウ問題が発覚したのは2004年ですが、それ以前にも同法人は山一證券やヤオハンジャパン、足利銀行など、粉飾決算後破綻した企業の監査も担当していたことから、破産管財人や株主などから損害賠償請求を受け、監査報酬の返還や和解金の支払いという形で和解していました。また、足利銀行問題では金融庁から戒告処分も受けていました。その後に発覚したのがカネボウ問題で、前述のように公認会計士3人の起訴を受け、新任の理事長を除く全理事が辞任する事態になりました。

カネボウ問題では法人としての起訴は見送られましたが、2006年5月、公認会計士・監査審査会は同法人の2カ月間の監査業務停止処分を命じました。四大監査法人といわれた監査法人の一角が業務停止に追い込まれたわけです。当然、業務停止時点で顧客との監査契約は解約となるため、大きな影響が出ました。

そして2006年6月1日には、ついに同法人の提携先であったプライスウォーターハウスクーパースは業を煮やして、日本国内にあらた監査法人を新設。中央青山監査法人からあらた監査法人への社員の移籍も起こり、残った人員によって9月1日、中央青山監査法人はみすず監査法人に改称したのです。

しかし、問題の連鎖はまだ続きました。同年12月、今度はみすず監査法人が監査を担当していた日興コーディアルグループに粉飾決算が発覚。この決算に「適正意見」を出していたことから、旧中央青山監査法人が見逃していた、あるいは関与していたと指摘されました。

事ここに至って、多くの公認会計士などが同法人を去り、2007年2月にみすず監査法人は監査業務から撤退、その後解体しました。これをもって、四大監査法人の一角が消滅したのです。

時代はうねり、そしてライブドア問題を迎える

私は、カネボウ問題の裁判の傍聴にも行きましたが、衝撃を覚えました。「公認会計士が経営者と共謀して故意に粉飾決算をする」という部分ではありません。それはもちろん、

許されることではありません。

裁判においては、関連会社の行っている事業をどの時点で諦めて損失を立てるべきなのかということがとにかく問題となったのです。いわく、「当然、3年前に諦めて損失を立てるべきであった。それをしなかったことが粉飾につながった」という解釈でした。

これは監査を行っている一般的な作業現場にも大きな影響を与えるだろうと思いました。

そうならないためには、企業の経営者ともしっかりと話し合いをして、どのようなエビデンスを入手できれば、前向きな判断をしていいのか、あるいはすべきなのかということをしっかりと考えておかないといけない。ここが職業人としての今後の分かれ目になると心底、思いました。

強調しますが、保守的に対処するのは簡単です。例えば、あるスーパーマーケットチェーンが、店舗を新設する事業計画を立てたとします。立地調査などから打ち出された計画では、1年目は赤字、2年目の上期も赤字。ただ2年目の下期から徐々に業績は上がってきて、単月黒字の月も出てきて、3年目には単年黒字化する。そして4年目には累損を一掃するという計画を立てたとします。そして実際に店舗を建設・開業して2年間が経ち、業績もほぼ予定どおりの推移を示したとします。

この際に、事業計画どおりであるにもかかわらず、デフレ発想の公認会計士は疑いをもつわけです。「いくら予定どおりといっても、実際に開業以来、二期続けて赤字であったことは間違いありません。減損会計の原則に照らせば、これは減損の兆候になる。そのため、固定資産について、その後のキャッシュフローをシミュレーションしてみて、その合計額が簿価を下回る場合は損失を立てる必要があるはずです」と言い出しながら、「2年目も赤字なのだから、いくら予定どおりといわれても、この赤字がずっと続く可能性のほうが高いのではないか」と言うわけです。

その結果、まだ2年しか経過しておらず、しかも予定どおりの推移であるにもかかわらず、当該店舗の固定資産としての価値をゼロにしてしまうのです。本来ならば、固定資産ゼロは撤退を意味します。ところが、実際には何年にもわたって継続して営業を続けている。そういうケースが少なくありません。経営の意思とは無関係に、いわば先走った会計判断をしてしまうわけです。まさに意思決定のデフレ化のなせる業です。

そういうことが頻発する可能性が高くなると、私はカネボウ問題の裁判を傍聴しながら考えていました。自分にもいつか、こうした問題が起こるかもしれない。そのときに、しっかりと主張できるようにする。そのことが大事だと思いました。

そして、その後にライブドアの事件が起こりました。

この事件では、ライブドアの子会社であるライブドアマーケティングが、ライブドアが実質的に所有している投資事業組合がすでに保有していた出版社をあたかも第三者から買収したかのように公表したことが問題とされました。これに伴って、２００４年12月期の第３四半期の決算に粉飾の疑いがもたれたのです。捜査当局はこの情報で不正に株価を吊り上げた（偽計取引）と主張し、さらに嘘の決算情報を公表したことが風説の流布に当たるとし、結果的に同社の役員および同社を担当した監査法人のパートナーが逮捕されました。

私自身、改めて危機意識が強くなったのは事実です。当時、ライブドアは新興市場の雄、楽天と同じく、エスタブリッシュメントに挑む、ベンチャー企業の代表格でした。それに先立つカネボウは、それこそトラディショナルな会社の代表といっていいでしょう。つまり、日本の経済界の〝今〟を表す両極端の雄が、同じような躓きで、いわば炎上してしまったわけです。これは、我々監査法人にとっても危機的状況であり、それまでの価値観を変えていかなければいけない時期がやってきたと確信しました。

繰延税金資産と銀行の破綻。公認会計士が叩かれた時代

前述したりそな銀行や足利銀行のケースも、時代を感じさせる〝事件〟でした。〝繰延税金資産〟は、会計ビッグバンで導入された制度です。この制度には、実は銀行救済という意味合いがありました。

銀行の場合は、融資したお金が取り立てられない場合、不良債権を早期償却するために貸倒引当金の多額の繰り入れを行いますが、繰入額には税法上限度額があるため、税務上の要件を充たさないとそれは認められず、利益を落としているにもかかわらず、税金を多く払わなければならないというケースが多いのです。

そこで相手の会社が例えば倒産すると、貸し倒れが確実になるので、税務上も認容される。そのときには課税所得という税務上で計算された利益から減額されるので、利益が出ていてもその分が引かれるため、税金を払わないですみます。これは税の前払いになるの

で、あらかじめ税金資産を積むことになる。これが繰延税金資産であり、税効果会計です。この資産によって、銀行は純資産を膨らませることができたわけです。

しかし、この繰延税金資産は、将来の課税所得（および納税額）があることを見込んで計上されるものなので、当然ながら、将来の課税所得の十分性が前提となります。銀行など金融業の場合も、一般的に最長5年分の課税所得の範囲内で繰延税金資産を計上できるとされています。

りそな銀行や足利銀行のケースにおいて公的資金注入を余儀なくされたのは、この繰延税金資産の取り崩しという事態が起こったからです。りそな銀行の場合は、課税所得の見積もり期間を5年から3年に短縮することを監査法人が求めました。足利銀行の場合はもっと極端で5年から0年、つまり全額の取り崩しが求められたのです。

りそな銀行の場合でいえば、同行を監査する監査法人のうち、新日本監査法人（当時）と共同監査を行っていた朝日監査法人（当時）が繰延税金資産の取り扱いをめぐって共同監査を辞退してしまったのです。それで決算監査は大幅に遅れ、新日本監査法人が5月に入ってりそな銀行の主張を疑問視して、繰延税金資産の5年分を否定して、3年分の組み入れしか認めない方針を打ち出しました。その結果、同行の自己資本比率が基準の４％を下回ることになり、政府に資本注入を申請せざるを得なくなったのです。この申請は認められ、預金保険機構が株式を取得するという方法で公的資金が注入され、同行は事実上、国有化されるに至りました。

足利銀行の場合は、監査を担当していた中央青山監査法人が突然、繰延税金資産を計上しないように通告したのです。そのために、多額の繰延税金資産がいきなり貸借対照表の資産の部から消えてしまったのです。それで足利銀行は債務超過に陥り、自主経営を断念せざるを得なくなり、一時国有化のあと、経営破綻しました。私の地元の栃木県では激震が走りました。

監査法人の責任が非常に大きいわけです。なぜ繰延税金資産の取り崩しが必要だったのか、明確な答えがなければなりません。監査法人は、当事者となった銀行や、一般的には企業の経営陣に対して、適正な資産であったはずの繰延税金資産が突然、大幅に価値が減じた、あるいは価値がなくなったことを明快に説明しなければなりません。

当時、私たち監査法人業界は相当に叩かれました。カネボウの粉飾を見逃し、大銀行を国有化させ、地方の名銀行を潰し、ＵＦＪ銀行と東京三菱銀行の合併を促した。これらすべてが監査法人の判断で行われたことだというわけです。そこにライブドア問題が追い打ちをかけたのです。

大変動が起きると思いました。すると続いて起こったのが日興コーディアルグループの粉飾決算。そして中央青山監査法人の業務の撤退、そして破綻であったわけです。

前代未聞の解散劇。太陽監査法人も拡大の道を歩むと確信した

監査法人とその顧客にとって、業務停止はその期間が何カ月であれ、非常にシビアな状態をもたらします。監査法人というものは、会社の一つの機関として、コーポレートガバナンスを担う立場であるわけです。そのような機関が業務停止になる。行政処分という法的なペナルティーを受ける。クライアント企業としては、そうした監査法人との間で監査契約を継続することはできません。そこで少なくとも、いったんはすべての契約が解除されてしまいます。双方にとって、これは当然大打撃です。さらに、何カ月かであれ、その間に決算期がくる場合は、会計監査人が不在というわけにはいかないので、一時会計監査

人というものを設けます。

それで監査法人の業務停止期間が過ぎた場合、監査法人側としては当然、改めて契約を結びたい。クライアントとしても、今までやってもらっていた監査法人に再度お願いしたいという場合は、その監査法人もまた一時会計監査人として契約します。共同監査という形になるわけです。それで1年後、株主総会において改めて従来の監査法人、この場合は中央青山監査法人を会計監査人に選ぶということになるわけです。

つまり、中央青山監査法人が業務停止中に契約した一時会計監査人は、いわばブリッジ役であるわけです。

実は、私が在籍した太陽ＡＳＧ監査法人は、この一時会計監査人を相当数引き受けました。私自身も、当時自分が担当していた上場企業が十何社あったのですが、そのときはプラス二十何社というクライアントを受け持ちました。しかし、そのときの役割はブリッジであって、中央青山監査法人が復帰してくれれば、当然、私たちの契約は切られると思っていました。ところが、復帰して間もなく、みすず監査法人への改称。それでも監査業務を継続していくことが困難と判断して、自主的に監査業務からの撤退を宣言、監査業務に従事している公認会計士をほかの大手法人を中心に移管することとなってしまったのです。最終的には2007年7月31日に解散しました。

そうなると、クライアントとしては、ブリッジではなく正式にどこかの監査法人と監査契約を結び直さなければなりません。そうなれば、ほかの大手監査法人に鞍替えするケースも出てきますが、ブリッジ役の我々にそのまま声が掛かることも少なくなかったのです。

私たちとしては、これは顧客拡大のチャンスであり、実際に相当数の顧客を獲得することができました。

さらに、公認会計士やスタッフの数も拡大しました。何しろ四大監査法人の一角が崩壊したわけですから、その前にあらた監査法人に相当数の人員が行っていたのですが、継承していたみすず監査法人からは、四大監査法人の一つである新日本監査法人（当時）に半分以上が移り、また監査法人トーマツ（当時）やあずさ監査法人（当時）にも移りましたが、私たち太陽ＡＳＧ監査法人（当時）にも50人以上が転籍してきました。

これは、監査法人業界の歴史のなかで、エポックメイクな出来事でした。それまで、上場企業の監査人が替わるということはあり得ないことでした。顧客＝クライアントには長期間の契約関係を維持するという意味合いがあるのです。その原則がこのとき、崩れたのです。四大監査法人で当時、日本の上場企業の約8割を監査していたといわれます。その一角が解散するわけですから、それこそ単純計算では、日本の上場企業のうち2割の企業が監査法人を変更することとなったわけです。

［第4章］

監査法人はなぜ巨大化・官僚化したのか？

決定権者と現場との乖離が促した監査法人の機能不全

第3章で触れた中央青山監査法人が解散に至った時期には、中堅と呼ばれた太陽監査法人も拡大の流れにありました。2006年当時にはASG監査法人と合併して、太陽ASG監査法人となっていました。

そこにみすず監査法人から50人強の人材が合流し、また新人の大量採用をしたことで、その人数は一気に300人ほどにまで膨らんだのです。

ちなみに、私が入ったときは30人ほどしかいない法人でした。そこから考えると、十数年で10倍規模の組織になったわけです。

銀行を辞めて太陽監査法人に入ったときには、自立した職業、つまりは自由職業人を目指すと友人や銀行の先輩たちにも公言していたのですが、気がつけば、従業員300人の組織の中間管理職になっていたようなものでした。

しかも、それ以前から品質管理体制が非常に強化されていました。第2章でも触れたように、大手監査法人を先頭に、監査で顧客と接している現場のチームが自立してマネジメントできない状況になっていたのです。現場のチームといっても、そこで監査報告書に最後にサインをするメンバーは、その監査法人で無限責任を負う社員です。私もそうした社員の一人でしたが、彼らに「この会計処理は適正、あるいは不適正」と判断する権限がない時代になっていったのです。

その理由は、「現場のチームは企業サイドと馴れ合いになって、あるいは誘惑に耐えられなくなって、粉飾決算を見逃す可能性があるから」というものです。性悪説ですね。それで現場とは離れた〝奥の院〟、品質管理部や本部審査会が天の声を発するようになってしまったのです。少なくとも、2004年にはそういう傾向が顕著になっていたと記憶しています。

そうした傾向には違和感を覚えました。確かに、馴れ合い体質の反省という側面は否定できませんが、これが意思決定の遅れと決定そのもののデフレ化を招くとわかっていたからです。現場から遠く離れた人が、現場の判断を事もなげに覆す。その根拠は、非常に希薄なものです。「万が一の場合はどうするのか?」「そうなるという100%の保証はないだろう」といった後ろ向きの判断がほとんどです。そう言われれば、現場の人間としても言い返しにくい。しかも、彼らには伝家の宝刀ができたわけです。

「万が一の事態になって、それで事務所が潰れたらどうするのだ?」というものです。

皆、中央青山監査法人のことは知っていましたから、この言葉はプレッシャーになりました。確かに、2000年の会計ビッグバンまでは、言葉を選ばなければぬるま湯のような業界でした。ところがあるとき、言ってみればみえない黒船の来襲があって、時代ががらっと変わってしまったのです。それでいきなり皆、「あつものに懲りて膾《なます》を吹く」という態度を取り始めてしまったのです。

現場に裁量権がないというのは最悪です。「お前たちは意思決定するな」というお達しが本部からくる。そうした業界の話を聞いたこともありました。

時には、クライアント企業の経営陣が大胆な経営判断をすることもあります。例えば、ある事業を廃止するとか、ある部門で大きなリストラクチャリングをするなどで、一時的に膿を出すけれども、そうすることによって、来期以降の成長戦略が描けるという施策です。こうしたケースはレアケースではないと思います。

こうした場合も、未来を見積もることなく、今期、それだけの赤字を出すというその一点だけで判断しようとするのです。現場にいない人間ほど、数字だけをみている人ほど、そうした傾向は強いものです。「前期までそこそこに推移していたのに、激変した。これは来期以降も危ない」と考えるのです。現実との乖離です。その前提で会計処理を考えます。当然、繰延税金資産も取り崩すでしょう。投融資やのれんの評価についても、減損です。成長戦略の一環としてリストラクチャリングをしたのに、企業自体の存続が難しいという判断になってしまいます。まさに、奥の院制の弊害です。現場がその事情をいくら説明しても、聞く耳をもたないという場合もあるようです。

なぜなら、多くの場合、本部の審査会や品質管理部門で権限をもっている人というのは、公認会計士としてのキャリアは長くとも、現場感覚の乏しい人が多いからです。ずっと可もなく不可もなくやってきた、怪我することもなくキャリアを積み上げてきた。なぜならば現場にはこれまでほとんど立ってこなかったからです。そういう人間が本部にいて、いつの間にか力をもって、奥の院のように高圧的にモノを言うようになる。現場感覚がないからこそ言える言葉を口にする。「それでその会社が潰れても仕方がない」とまで言い切ることもあるといいます。最悪のシナリオを常に想定するのです。

このままでいいわけがないと思いました。

なぜ監査法人は巨大化してしまったのか

こうした状況を打開するには、それに見合った組織（入れ物）が必要になる。少人数で、専門家として、自分の足で立ち、自分たちで判断する。判断したからには、もちろん責任からも逃げない。そうした、それこそ自由職業人としての自覚と、専門家としてのプライドを保持できる自立的な組織単位で動かないとだめだと感じました。

私はまず、組織改革というか、組織の立て直しについて考え、動きました。というのも、こうした話以前に、寄せ集め集団やセクショナリズムの強い組織になることをまず避けなければいけないと思ったからです。そのうえで、全体の人数は多くとも、モチベーションと責任感をもってきちんと仕事ができる単位のチーム構築をして運営すべきだろうと思ったのです。

例えばカネボウを担当していたのは、中央青山監査法人の監査第三部というところでした。それであのような問題が起こってしまった。すると、ほかの部の先生たちは「いい迷惑だ」と言うわけです。「オレたちは本当に関係がない」と語気を荒げます。彼らの立場に立てば、そう言いたくなる気持ちもわからなくはない。しかし、私にはそうした発言はかなり奇異に聞こえました。監査法人という法人形態のコンセプトに、それは合わないからです。パートナーシップを組んで、お互いにリスクを取って運営するのが監査法人です。だとすれば、他人事ではすまされないはずなのです。

「上は一緒でも、自分たちはまったく別物だ」と言うとすれば、それは監査法人の大義とは合いません。そこにある乖離は、金融庁も許さないだろうし、世間も許さないとまで感じました。振り返ってみれば、監査法人の巨大化は、中小連合の方法論で成り立ってきました。どういうことかというと、何十人からの大先生が束ねる組織です。それぞれの大先生が束ねる組織を十何年の間に足していった入れ物が、大手監査法人です。一つの組織になったあとに、何々先生の部とはさすがに言えないから、便宜上、監査第一部とか、監査第二部などと呼ぶようになったのです。

いわゆる〝大部屋制〟と呼ばれるものです。こうした大部屋制は、金融庁によって否定されました。

なぜなら、大部屋制の最大の問題は、クライアントや社会に対して、ワン・コーポレートブランドを宣言して、その旗のもとに活動しているにもかかわらず、なかにいる人たちは、ワン・コーポレートだという自覚がないという点なのです。それで何か問題があると、自分たちは関係がないと言うわけです。

こうした状態も困ったものですが、その後、そうした状態を打破し、一つの組織であることを明確にするために品質管理部、あるいは本部審査会を上部機構において、それで全体をコントロールしようとしたわけです。今度はそれで誰も積極的に動けない、淀んだ組織化が進んでしまったのです。

では、そもそもなぜ組織を巨大化する必要があるのかと私は考えました。

みすず監査法人出身の先生にも質問したことがあります。

「どうして、そんなふうに組織を巨大化する必要があるのですか？」

私にしてみれば、素朴な質問です。

すると答えは二つあるということがわかりました。一つは横並び主義。言い換えれば他社との張り合いです。会計士事務所や監査法人は、「ビッグ8」や「ビッグ4」などと呼ばれることが多いのはご存じのとおりです。ベストではなくビッグです。そこから落ちたくはないのです。

もう一つは、これとも関係するわけですが、グローバル化の弊害です。大手監査法人は皆、欧米の大手会計士事務所と提携をしています。有限責任監査法人トーマツはデロイト トウシュ トーマツ（アメリカ）、新日本有限責任監査法人はアーンスト・アンド・ヤング（イギリス）と提携しています。また、有限責任あずさ監査法人はＫＰＭＧ（オランダ）と、ＰｗＣあらた有限責任監査法人は前述したように、プライスウォーターハウスクーパース（イギリス）と提携しています。

相手はこの業界にあってもアングロサクソン型グローバル企業です。組織もとてつもなく大きい。そのカウンターパートナーとなる日本の組織も、それに見合うように巨大化しなければならないという圧力があるわけです。例えば中央青山監査法人にしても、最初は30人から50人という規模の法人でした。それが１９９０年代には２００人から３００人規模になっていたのですが、その後、外圧によって急激に合併、採用を増やして、瞬く間に、その10倍以上の規模になってしまったのです。

つまり、これはどういうことか。機能的には、ほとんど意味のない合従連衡《がっしょうれんこう》の繰り返しかもしれないのです。そこで働くプレイヤーの希望でもなく、そうせざるを得ない事情が明確なわけでもなく、言葉を選ばなければ外圧や見栄の張り合い、お山の大将合戦によって監査法人は巨大化してきたといっても過言ではないと思えるのです。

自由職業人の原則が崩れた監査の現場

自由職業人の原則からは、これは逸脱した話です。これでは組織に歪みが生じ、セクショナリズムと風通しの悪さが起こり、会計士は組織人化し、リスクテイクをしない、あるいはできない存在となっていく。それも仕方がないことだと思えました。

もちろん、誤解が生じないようあらかじめ断っておくと、大手監査法人の存在価値がないということでは決してありません。例えば大手自動車メーカーのように、日本にも巨大なグローバル企業があります。そうした会社を監査するには、物理的に数百人規模の人員が必要になります。その場合は、「自由職業人として」といった感覚はたぶん、邪魔になります。統制し、効率化することが必要だからです。組織人同士の対話が必要になると思います。だから、そうした大企業のカウンターパートナーとなる大手監査法人は、絶対に必要だと思います。

ただ、専門家がパートナーシップを組んで、自分たちの判断で監査を進めていく、そうした意味での適正規模の監査法人の充実も本来は必要なはずです。

日本経済を支えているのは超大企業だけではありません。一般の大手企業はもちろん、中堅企業や中小規模の上場会社もたくさんあります。そうした個々の会社のニーズに合った専門性を提供する監査法人が必要という意味です。特に、中堅規模の元気のいいオーナー企業や、成長著しい若手中心の企業などにはそうした監査法人が必要不可欠でしょう。そこは、第1章でも述べたとおりです。

ベンチャー企業を例に取るとわかりやすいと思います。ベンチャー企業の場合、会計や財務、あるいは総務といったスタッフ部門の人員が充実しているというケースは多くありません。そのため、何らかの情報や資料を調べてくださいと言っても、その都度時間がかかります。それで総体としての時間が足りなくなるということが多いのです。

そうした典型的なベンチャー企業の場合、私であれば、一歩踏み込んでいきます。ざっくりと大くくりで資料を依頼するのではなく、細かく分割してお願いしていくとか、あるいは資料を待つのではなく、それを知っている人を探し出して、インタビューをしてしまうといった方法を取るわけです。しかし、大手監査法人の場合は、そうしたことはしません。手間を惜しむというよりも、一歩踏み込むことで誘導されると誤解を受けるのを嫌がるのです。だから、あくまでも一歩引いて待っているので、時間だけが経っていくというわけです。そうすると、双方、慌て始めます。会社側がようやく情報に基づいて会計処理の方針を出します。そこで、時間がもうないにもかかわらず、彼らはそれを持ち帰って審査会にかける。ところが審査会は毎日行われるわけではない。しかも一度の会で結論が出るとは限りません。場合によっては上級審査会にかけられてしまいます。こうなると、簡単に1カ月ほどの時間が経ってしまいます。

ベンチャー企業の場合、これでは手遅れになるのです。当然、その企業の経営陣は怒ります。何の説明もしないでじっと待っているだけ。それでこちらがやっと限られたリソースで結論を出したのに、1カ月以上も何の反応もない……。

上場企業の場合は、そうなれば、決算短信発表を遅らせなければいけなくなるかもしれません。そんな理由で遅れているとは言えないので、決算がなかなか整わなかったとか、何も言わずにいるしかなくなります。投資家の多くは、そこで何を考えるでしょうか。これは危ないと思うはずです。監査法人ともめていたか、みえないところでよくないことが起こっているのかもしれない……と疑心暗鬼になり、それで株価は下がってしまうのです。

これは、その会社にとってだけでなく、日本の産業界にとってもマイナスの話です。

あるいは、クライアントがオーナー企業の場合もミスマッチは起こります。クライアントはオーナーの意思決定で決断が早いのに、監査法人側の意思決定が組織的な意思決定の弊害で遅いということはよくあります。しかし、問題はもっと奥が深いところにあります。

欧米の巨大会計士事務所と提携している大手監査法人の場合、欧米の事務所の監査マニュアルを使うのが普通です。これには、経営リスクを評価するコントロールリストがついています。そこには、１００近くのリスクファクターが並んでいます。それぞれにリスクで「高い、普通、低い」を選択していくのですが、前提に近いところで「オーナー企業か?」という設問があるのです。アメリカの場合、「オーナー企業」に丸をつけた瞬間に、それだけで高リスク対象になってしまいます。正直にいって、日本の大手監査法人、上位

1桁に入る監査法人のほとんどは、そうした思考回路がすでに出来上がってしまっています。

つまり、どういうことかといえば、オーナーが見事にスパッと判断をした。それは独断専行で間違っている可能性が高いと評価されてしまうのです。

このミスマッチは大変な問題です。

監査法人の適正規模とは

私自身の話に戻しますが、太陽有限責任監査法人での組織改革は、思想に乖離があり過ぎてうまくいきませんでした。私はそのときすでに代表社員になっていたのですが、残念ながら「口を出さないでほしい」と言われたこともあり、自分が理想とする環境をつくろうとするのであれば、外に出るしかないと考えるようになったのです。それは自分だけのためではありません。そうした環境のなかで後進を育てたいし、そうしたプロフェッショナル・サービスを待っているクライアントもいる。デフレ化しない意見を言える監査法人をつくりたい。そう思うようになりました。自由職業人を私は諦めたくなかったのです。

そこで私は、独立について真剣に考え始めました。

組織の適正規模はどのくらいだろうかと思案しました。そして、代表や社員とその他の公認会計士なども含めて、常勤は40人ほどが限度だろうと思いました。これにプロジェクト本位で非常勤のメンバーを加えるとすると、全体で倍の80人。そのうちパートナーは5人から6人。そのメンバーで回せる限度が、要するに80人ぐらいだろうと思いました。

また、当然、営業面についても考えました。私の考え、私がつくろうとしている法人と相性のいい会社と、そうではない会社があるだろうと思いました。大方の企業は合わないのだろうとまで思いました。今までのやり方で違和感のない会社は、私たちとは合わないということになるわけです。また監査人交代自体に抵抗のある会社も多いでしょう。特に雇われ社長の会社は決断できません。たぶん、オーナーが膝を叩いて決めてくれるような会社でなければ無理なのではないか。それで「一緒に成長していこう」と言ってくれるような会社でなければだめだろうと思いました。何度も低次元の話をしたくないですが、もちろん独立した第三者として一線を画すのはいうまでもありません。そういう会社の経営者を中心に、しっかりと自分たちの理想とするところを説明しながら、営業をしていくしかないと決意しました。

実際、最初の営業に苦労したことはいうまでもありません。

ただ、時が味方をしてくれた面はありました。その年は、監査法人を見直す時期でもあったのです。「大手はもういいや。もっと意思決定が早く的確でサービスがよく、値段もリーズナブルな中堅の監査法人はないか」と探していた会社も少なくありませんでした。みすず監査法人が解散したことで、いわば漂流を余儀なくされていた会社もありました。個人で頑張っている公認会計士の方や、証券会社の営業担当者を通じて紹介してもらい、上場企業数社をクライアントにすることができました。

自由職業人としてのスタンスを守るための組織

私は、いわば世に問うたわけです。こんな違和感をもち、こうしたコンセプトで、このように動く組織をつくりたい。どうですか?と言って、「この指止まれ」と、営業をしたわけです。それまで、私の問うたような選択肢はありませんでした。そうした発想もなかったと思います。

自由職業人としての専門家集団。そのスタンスを守り抜くための適正規模。現場のチームがきっちりと判断し、発言する。デフレ化を許さず、リスクをテイクし、クライアント企業の成長に寄与することを一義とする。さらに、社会を、日本経済を元気にするために骨身を削る。そうした正統派の本格的な監査法人はいりませんか？

これが私の主張でした。私はこの主張に大きな自信をもっていました。

公認会計士個人が悪いわけではない。問題は組織にある。組織の規模が大き過ぎる。その大き過ぎる組織をコントロールするためには、どうしても官僚主義がはびこっていく。組織が大きいからセクショナリズムも起こってくる。そのように、組織の運営に問題が起こる。歪みも起こる。それは、公認会計士のあるべき職業像にまったくフィットしない。だから、組織人にもともと向かない公認会計士は機能不全に陥ってしまう。

しかも、組織に免疫力のない公認会計士集団が、組織を官僚的にコントロールし、本部審査会などが強い権限をもてば、必ず品質がよくなるかというと、そんなことはないと思っています。むしろ、個人の専門性、その専門性ゆえの創造性を発揮させて、自覚とプライドをもって自分の意見をもつ。その意見を持ち寄ることで統一的な見解を出すほうが、よっぽど高品質が保たれると思います。そのほうが、個人の品質が上がるから、必然的に組織の品質も上がるのです。それを実現するための手立てがこうなのです、というプレゼンテーションです。

青臭い話かもしれないですが、賛同してくれる会社はいる。ファンさえ生まれるかもしれないと本気で思っていました。

ぐっともう一歩、クライアントの懐に入っていって、会社の真実を自分の目と耳で確認して、そこから得られた正しい情報に照らして、その情報にいちばんしっくりくる会計処理は何かを考えることがいちばん大事なのです。監査の仕事、会計処理の仕事は、それこそ当事者間の仕事であって、外野がとやかく言うことではない。インターネットでいろいろ調べてわかることではない。それが業界の風潮であるとすれば、その風潮はおかしい、間違っていると、声を大にして言いたいのです。

この議論は今でも新鮮だと私は思います。

もちろん、私は本部審査会などの存在そのものを否定しているわけではありません。確かに、現場のチームがそれこそ情に流されることもないとはいえません。暴走することもあるかもしれません。冷静に、そこをコントロールする安全弁は、やはり必要だと思います。そのための部署やルールはもちろんあったほうがいいでしょう。報告の形式を決めて、セカンドオピニオンを聞くようにする、などです。ただ、最後の決定権、責任を負うのは現場の責任者であるべきだと思います。本部は安全弁であり、アドバイス程度でいいと思うのです。本部は、あくまでも現場を信頼すべきなのです。

そうでなければ、現場の空気が淀んでしまいます。あくまで現場主義を貫くことが、職業専門家を守る真髄です。

欧米の巨大会計事務所との提携に潜むもう一つの弊害

大手監査法人には、実はもう一つ、大きな問題があります。やはり、欧米の巨大会計事務所との提携からくる弊害です。彼らが使っている世界標準の監査プログラムが日本語に翻訳されて、それを基にした電子調書が新たにつくられ、その調書しか認めないようになったのです。これは、膨大な入力の手間を必要とするものです。日本の実情にフィットしない、お仕着せのプログラムと調書なのです。それを寸法も合わせず、吊るしのスーツを着ているようなものです。手間暇がかかるうえに窮屈だし、歩きにくい。

イギリスは人口がざっと日本の半分ですが、会計士は70万人もいます。アメリカは人口が日本のおよそ倍で、イギリスに比べればかなり少ないのですが、それでも会計士は40万人います。日本はアメリカと比べた場合、人口が半分だから、会計士が20万人いれば同じ比率となります。ところが日本の公認会計士の数は現在、やっと3万人です。

どうなるかおわかりになると思います。英米と同じ手順を踏むとなると、人手が足りないですから、どうしてもオーバーワークになってしまうのです。そのしわ寄せはクライアントにいきます。

残業に徹夜、それにクライアントの担当者は付き合わされ、慢性的に寝不足の状態になってしまうのです。これは顧客都合ではなく、まさに自社都合の押しつけです。クライアント企業の経理や財務の担当者たちは、決算ともなると、ものすごくつらい日々を送らなければならない。その一因は実はそんなところにもあるのです。

私の美学にこれは反します。私たちは、あくまでも9時半に始業し、17時半には会社を立ち去るようにしています。次の日の何時までにどのような書類をそろえてほしいかということをお願いして、立ち去ります。クライアント企業の担当者には、そのお願いをそこからやっていただくことになりますが、それでも、だらだらと夜、夜中まで一緒に付き合っているよりは、効率的に時間を使えるはずです。

私たちはプロフェッショナルです。時間をかければいいというわけにはいきません。限られた時間でちゃんと専門的な見解を出すのがプロだと思います。

この問題は、監査報酬というものをどのように考えるべきかということにも関係してきます。従来、監査報酬水準は、2年に一度、経団連とすり合わせして水準を決定していました。10年ほど前にそのすり合わせはなくなり、自由化しました。基本報酬と執務報酬に分かれ、前者は、企業規模やリスクを考慮して、また後者は、どのようなキャリアの監査人かということで単価を決め、彼（彼女）がどれだけの時間をかけたかということで、キャリア単価×日数で決められています。監査チームにはさまざまなキャリアの人間が含まれますから、基本的にはA×日数＋B×日数＋C×日数という総和で請求金額が決まっ

てくるのです。今では、基本報酬はなく、パートナーも含めて執務報酬で一本化している
ケースも多くなりました。

しかし、こうした積み上げタイプの計算方法は、果たして納得感の高いものでしょうか。
これでは、プロフェッショナリズムや法人努力というものが軽んじられると私は思ってい
ます。極端なことをいえば、3日3晩かけても結論を出せない監査人の報酬のほうが、30分
で正しい結論を出す監査人の報酬よりも高いということにもなるわけです。徹夜をすれば
報酬も高くなります。それを避けるためにもっと大量の人数が投じられれば、日数は減っ
ても人数が増えるのでやはり報酬は莫大なものになります。

片や、私たちのようにすぱっと帰るようにする。監査に関わる業法に準拠しながらも、
不要なマニュアルやプログラムを排除して、生産性を上げながら、品質は下げない、むし
ろ上げるように努力しても、その結果、時間がかかっていないからと報酬を下げなければ
いけないというのでは、どうもしっくりきません。

そもそも積み上げタイプの計算方法は労働集約型の準委任的なもので、結果責任を負う
知的集約型業務に見合ったものではありません。

では英米ではどうかというと、リスクをどう見積もるかというところが重視されてしまい、保険ビジネスと同じように相場が決まっている観があり、これも日本の実情にはフィットしないだろうと思います。

そこで私たちは、これまでの報酬の相場感、つまりは東証一部上場企業で、これだけの規模の会社で、これだけの重点項目のあるケースでは、このくらいの人数、手間と時間、専門性が必要とされる、といった点を総合的に考慮し、お互いに納得感の高い報酬を計算し、それを最初に提示させてもらっています。

ただひたすらかかった日数を掛けた金額を請求するのではなく、また、代表パートナーだからと、表敬訪問ですら、そのパートナーの年収を単に割り算した高い時間単価を請求するのでもない。つまりは自社都合で単価や時間を吊り上げるのではなく、それでいて、私たちの専門性を否定することにもならないよう、これまでの相場感を大事にしながら、長期的な視点からパートナーシップを組んでいける、まさにリーズナブルな料金を模索していくことが大事なことだろうと思っています。

太陽監査法人の創業者から学んだこと

私のこうした思いやスタイルには、実はお手本があります。

それは、太陽監査法人の創業者（そして真田幸村の子孫でもある）、眞田幸知氏の考えです。眞田氏は身の丈の規模で仕事をしたほうが、会計士として、専門家として、伸び伸びと、意気揚々と働くことができると常々語っていました。だから彼が代表の間は、自分が本当に信頼できる人間しかパートナーにはしませんでした。そうなると、自ずとパートナーの人数は決まってきます。5人程度です。パートナーが5人であれば、組織全体の規模もそこから適正な規模というものが出てきて、それ以上にはなりません。20人とか30人、せいぜい50人まででしょう。

眞田氏は、公認会計士になる前は、大蔵省（当時）の役人で、その後、眞田公認会計士事務所を設立されました。当時各県で数人というトップエリートの陸軍士官学校に入って、第二次世界大戦では偵察機のパイロットとして活躍されたと聞いています。鳥取県の出身でしたが、戦後は故郷に帰っても仕事はないというので、自転車のパンクの修理などをやって日銭を稼いでいたようです。それから立命館大学に入って卒業後、大蔵省に入省したのです。大蔵省では理財局というところで働いていました。理財局では、提出された有価証券報告書をチェックしてファイリングするのが仕事だったようです。それで興味をもって、この報告書作成のキーパーソンは誰かと調べたところ、会計士という仕事があるのを知り、どうせこれ以上出世できないからと見切りをつけて、大蔵省を辞めて勉強をして公認会計士の資格を取って開業されたのです。当時は上場申請する会社も多かったので、それからどんどんと大きくなっていったようです。

彼からは接するたびに数多くの逸話を披露いただき、そのたびに目を輝かせて聞き入ったものですが、とりわけいちばん感銘を受けたのは次の話です。

かつて、クライアントの1社にヤマト運輸がありました。大和運輸（当時）はクロネコヤマトの宅急便が当たって、瞬く間に成長して、全国規模になっていったのです。当時は地方配送が主流でしたから、初めて全国配送のネットワークをつくり上げた物流会社でした。

クライアントにそうした企業が現れたら、多くの監査法人は、そのクライアントを逃がさないよう、必死になるはずです。その会社の成長につれて、自分たちの事務所の規模も拡大させようとするでしょう。そうしなければ、対応できなくなるからです。ところが眞田氏はそうは考えませんでした。

「つられて闇雲に組織を大きくしていっても、もし大和運輸から契約を切られたらどうするのだ」「組織が巨大化したら、組織運営はまったく違うものにならないといけない」

それで、大和運輸の小倉昌男社長（当時）に会いに行って、「うちではもう面倒を見切れないので、大手の監査法人に頼んでほしい」と言って、会計監査人の地位を返上したのです。

これはなかなかできることではありません。普通は、これはチャンスと自分たちも大きくなろうとします。ところが眞田氏は、そうすれば組織のカルチャーまでが変わってしまうということを見越していた。それでは組織が官僚的になって皆が伸び伸びできなくなると考えたわけです。

これには恐れ入りました。それがいわば私の原点でもあるのです。

眞田氏は、クライアントを集めて年に2回、新年会と夏の会計実務研修＋ゴルフ大会を毎年開催していました。交流会です。勉強会も大事だけれど、やはり飲みながら、腹を割って話し合うことも大事なのだということも、眞田氏から学びました。しかも、眞田氏は当時すでに高齢でしたが、いつもホストとしてお客さまを目一杯もてなしていました。その姿勢にも頭が下がりました。侍でありながら、気配りにも長けた人でした。多くの人生訓も教わりました。

私は、2011年にIFRSネットワークというクライアント企業向けのセミナーおよび懇親会を立ち上げ、途中から「グローススサポートネットワーク」と改名して、実に80回を超えるイベントを行ってきました。旬にかなうテーマのセミナーとクライアント同士の親睦会を行っているものです。コロナ禍の今となっては、オンライン研究会の形式ですが、これも眞田氏から学んだことの実践です。

個人の公認会計士事務所と監査法人の大きな違い

この章の最後に、個人の公認会計士事務所と監査法人という立場の違いについても、述べておくべきかと思います。ここで説明したいのは、定義の問題ではありません。

本音でいえば、個人の公認会計士事務所の所長である公認会計士さんのほうが、「自分たちは自由職業人だ」と思っているはずです。ところが、少なくとも監査業務における彼らの仕事は今、次々に淘汰されているのが実情です。マニュアルが強化されてきたことで、品質の管理が難しくなっているからです。だから、監査業務はますます監査法人に集約されています。つまり、公認会計士事務所の先生の主な業務は経営コンサルティング業務と税務の仕事です。

公認会計士の独占業務は監査です。その監査業務を捨てて立派に身を立てて、クライアント企業にも感謝されている公認会計士の方はたくさんいらっしゃいます。彼らは確かに自由職業人かもしれない。頭が下がる思いですが、そうではあっても、独占業務を捨てるというところに、公認会計士としての存在価値をどうみるのかという問題があることは間違いないと思います。確かに、広い意味では税務業務も独占業務ですが、ここには税理士さんがいます。いってみれば半独占業務です。コンサルティング業務に至っては、独占でも何でもありません。

だから私は、そうであれば別に公認会計士の資格は必要ないと思うわけです。税理士の資格でいいわけです。コンサルティングに至っては、資格そのものがいらない。公認会計士である以上、やはりやらなくてはいけないのは上場企業の監査業務であると私は思います。それこそが公認会計士の表看板だからです。

もちろん、なかには特長を出して活躍している公認会計士事務所もあります。例えば国際税務関連に特化したり、外国法人が日本に法人をつくった場合の税務を専門にしている事務所であったり、または不動産の証券化を得意とするなどのケースです。

しかし、それでもなお、私は監査業務にこだわりをもっていますし、これからももち続けたいと思います。

彼らが監査業務を嫌っているわけではありません。監査業務は組織人の仕事になってしまっているからです。彼らにとっては、その組織人というスタンスが窮屈なのです。あるいは、監査法人のメンバーであった人が、組織を見限って、個人事務所に行ってしまう、あるいは自身で事務所を立ち上げるというケースも決して少なくありません。彼らが言うのは、「監査業務は独占で守られていて、そこを生業としているけれども、自分が正しいと思う判断が組織的な判断で捻じ曲げられてしまう。だからもうやり甲斐がない」というような意味のことです。

確かに、それも一理あるのですが、私のこだわりは違います。あくまでも、監査業務を企業に提供することがわが国の公認会計士制度のそもそもの始まりだから、そこは優先しなければいけないと私は思います。それに、なぜやり甲斐がないのかといえば、業務内容が問題なのではなく、組織のシステムに問題がある。そこを変えていければ、話は違ってくるはずだと思うのです。経営者とわたり合う仕事がつまらないはずがないのです。また、私どものコアクライアントである成長途上の中堅上場企業から求められる指導性に応えることは、まさに専門家冥利に尽きるものです。

だからこそ私は、自由職業人の風土、気構えを維持しつつ、監査業務を主体に展開する監査法人をつくりたかったのです。

［第5章］

それでも会計不祥事は続いている

2000年代、一連の問題で監査法人は変わったのか

2007年の中央青山監査法人の前代未聞の解散劇で、新日本有限責任監査法人をはじめとする三大監査法人や中堅監査法人が、人員を吸収し一段と巨大化が進みました。一方で、個人の会計士事務所は監査業務から撤退し、淘汰が進行。世の中はリーマン・ショックや東日本大震災など市民生活を揺るがす大きな出来事が続きました。そんななか、監査法人業界はアメリカ発の内部統制監査報告制度（J-SOX）と四半期決算制度が導入されたこともあり、大震災によるIFRS（国際財務報告基準）導入の凍結という逆風はあったものの、落ちつきを取り戻していました。

私の経営する法人も顧客の開拓、確保ができ、おかげさまで堅調に推移しました。しかし、正直に申し上げると、大変な時期ではありました。巨大化した三大監査法人が営業体制を整え、J-SOXや四半期決算の導入やIFRS制度支援等を武器に、攻勢をかけてきたからです。顧客ロイヤリティーを維持することに腐心した時期だったのです。

幸いにも、適正規模の理念や、事務所の監査体制を評価していただきました。そして有難かったのが、プロパー人材が毎年入所し、切磋琢磨してたくましくなったことです。設立当初は、非常勤メンバーで構成した体制が、プロパー人材主体へとシフトすることができました。

個人的にうれしかったのは、メンバーが個人差はあれ、家を購入したり、結婚したり、子どもが生まれたことです。中長期的に安心して監査法人アヴァンティアで仕事をすることを選択した証左と感じたからです。設立した理念に間違いはなかったと手ごたえを感じた、そんな頃でした。

そんな平穏を引き裂いたのが、2011年に発覚した「オリンパス問題」です。これは、1990年代の財テクの失敗により生じた960億円もの巨額の損失を長年隠蔽していたものを、不透明なM&A取引スキームで、巨額のM&A関連費用（ファイナンシャルアドバイザリー報酬等）計上と減損処理によって、帳尻を合わせようとして露呈したものです。つまり過去の粉飾（実際より利益を過大にみせること）を現在の逆粉飾（実際より利益を過小にみせること）で穴埋めしようとしたのです。暴露したイギリス人社長の電撃解任や関与した歴代の経営陣に対する刑事事件にまで発展した一大企業スキャンダルでした。

長年隠蔽したものを、どうして当時担当していた有限責任あずさ監査法人は見抜けなかったのか――これは当然の疑問です。手口は「飛ばし」でした。含み損のある有価証券銘柄を連結対象外になるファンドに簿価で動かして損失を隠してしまうもので、この初動、つまり移し替えたファンドが時価評価する局面で捕まえないと粉飾発見は難しかったと思います。ただ、そこが会計士の腕のみせどころでした。

実際に有限責任あずさ監査法人は、１９９９年に一部の損失飛ばしスキームを指摘して修正させましたが、ほかのすべてを発見することができなかったようです。

むしろ問題なのは、事件発覚前に起こった前代未聞の監査法人交代劇でした。M&A取引スキームによる巨額の減損損失を計上した２００９年３月期を最後に、有限責任あずさ監査法人から新日本有限責任監査法人に交代していたことです。

２００９年３月期の決算の会計処理をめぐっては、会社と監査法人では相当な意見対立があったようです。また、このような不自然なM&A取引の背景に巨悪な不正が潜んでいるかもしれないということも感じ取れます。「経営者は監査法人の見解に真摯に耳を傾ける誠実性を持ち合わせているか」や「会社と会計処理に関して意見対立がなかったか」などを現任の会計監査人は後任の会計監査人に、適切に伝えるべきです。そして後任はしっかりと聴取したうえで監査契約をするか判断すべきなのですが、実は、そうではなかったのです。

当時の監査基準委員会報告では、「最終的な監査意見の判断過程」は引き継ぎの対象外の文書とされていました。つまり、これは監査意見形成の中枢部分であり、これが漏えいすると法人の秘密情報が漏れるので、同業者であっても門外不出であるとしていたのです。

この点、私にも監査人交代時に心当たりがあります。この「最終的な監査意見の判断過程」というのは、解釈によれば「この財務諸表のすべての重要な科目が適正に表示されていると判断するに至ったすべてのプロセスを証した文書」と読むこともできます。ある大手監査法人では、当時、会社から入手した文書に監査担当者が、確認マークである「✔」

を一つでもつけた文書は外に出さないという方針で監査人交代手続を運用していました。「✔」が一つでもつけば、「私たちが、最終的な監査意見を判断した過程の文書の一つ」として、閲覧すらできないのです。これでは、まともな引き継ぎができるわけがありません。「✔」が一つもついていない文書なら、企業から直接入手すれば事足りるわけですから、せっかく出向いても有効な引き継ぎになりませんでした。

おそらくこの事件の交代現場も形式的な手続に長時間を要するのみで、核心部分については「最終的な監査意見の判断過程」を理由に情報交換がなされなかったのだと思います。

当時の規定や当該規定の解釈の不文律の面からすれば、現場で従事した会計士は精一杯やっていると思いますし、事故発覚後、新日本有限責任監査法人が発注・作成した「新日本有限責任監査法人　オリンパス監査検証委員会報告書」（2012年3月19日付　委員長・大泉隆史　弁護士・元大阪高検検事長）にも記載されたとおり、当時の規程ではしかたがないとされる内容も、業界人として理解できる部分はあります。

しかし、このような事件が露呈するに至りました。これも大組織の組織人化、結果責任よりプロセス責任を重んじる傾向のあらわれといえるものでしょう。本当に何を伝えるべきか、何を知るべきかが、当事者間で真剣に交わされなかった……そのありさまが何とも悔やまれます。

この事件で、「不正リスク対応基準」が「監査基準」とは別に設定されました。財務諸表の適正性の検証過程で判明した不正リスクに対しては、経営者への直接のインタビューで不正リスク兆候の範囲を特定し、必要に応じて不正の有無、金額を確定するための検証手続が加えられました。

また監査人交代に際しては、核心部分について正確な引き継ぎができるように、「最終的な監査意見の判断過程」という聖域を撤廃しました。

不正に対峙するため、業界として強制力のあるルールは新設されましたが、監査法人はなかなか変われなかった。

そして、2015年に「東芝不適切会計問題」が起こりました。

「東芝不適切会計問題」で浮き彫りになった課題

ここで、初めに断っておきます。私はこのような不祥事で、いちばん悪いのは企業自身だと思っています。カネボウもライブドアもオリンパスもしかりです。「監査法人は何のためにあるんだよ。こういうのを防ぐのが役目だろう！」とお叱りを多方面から受けるのは重々わかっていても、結論は変わりません。監査法人が第一義的に悪くなるのは、不適切な会計を勧めたり、あるいは強要する場合だけです。

何も自己防衛で申し上げたわけでも、業界を守ろうと主張しているわけでもありません。泥棒でも飲酒運転者でも殺人者でも構いませんが、それを取り締まる警察官との関係で警察官がいちばん悪いことがありますか？　家に侵入したり、酒を飲んで運転しようとしたり、人をあやめようとしたときに未然に防ぐことも多々あります。しかし起こってしまうこともある。そんなときに取り締まる警察官が真っ先に問われるべきものか。私は問われるものではないと思います。

ただ、同じような忌まわしいことは起こってはならない。再発を防ぐために、事故を検証・解析し、真の原因・背景を明らかにして、再発リスクを最小化する手立てを図っていく、これが任を受けたプロフェッショナルがなすべき業であろうかと思います。

公認会計士、監査法人も同じです。二度と同じことが起こらないようにしっかり対策を練ることが重要です。

しかし、東芝不適切会計問題は不幸にも起こりました。全容に紙幅は割きません。ただ、2016年3月に公表された日本公認会計士協会会長や外部有識者ら8人で構成する「―会計監査の信頼性確保のために―『会計監査の在り方に関する懇談会』提言」（座長・脇田良一名古屋経済大学大学院教授）（以下、「監懇提言」という）に重要な指摘があるので、当該箇所を引用させていただきます。

「最近の不正会計事案においては、

・製造原価がマイナスとなる異常値を監査チームの担当者が認識したにも関わらず、更なる検証や上司への連絡を行わなかった、

・製造工程における多額の原価の調整について企業側から説明を受け、一方の工程の仕

訳について確認しながら、当然必要となるもう一方の工程の仕訳を確認しなかった、

・工事進行基準が適用される事案について、経営者が使用した重要な仮定の合理性や見積りの不確実性に関して当然行うべき検証を行わなかった」

これらすべて東芝不適切会計問題に該当したものですが、どれもこれも初歩的な話です。普通に数値を分析して、気づいた疑問点をすぐさま会社にぶつけ、監査証拠を積み重ねながら、素直につぶしていけば発見できる事象だったでしょう。監査現場が膨大な些事に追われ、会社ともコミュニケーションが十分取れぬまま制限時間が来て、予定調和的に処理してしまったという悪循環が容易に想起されます。

なお監懇提言にはほかにも、目的に合わせた各施策が図表7のとおり盛り込まれています。

［図表7］―会計監査の信頼性確保のために―
「会計監査の在り方に関する懇談会」提言

【目　的】	【施　策】	【施策の説明】
監査法人のマネジメントの強化	監査法人のガバナンス・コード	監査法人の組織的な運営のためのプリンシプルの確立（職業的懐疑心の発揮を確保するためのリーダーシップの発揮、運営・監督態勢、人材啓発、人事配置・評価等）
		ガバナンス・コードの遵守状況についての開示
	大手上場会社等の監査を担える監査法人を増やす環境整備	ガバナンス・コードの適用による、大手・準大手監査法人の監査品質の向上
		当局と大手・準大手監査法人との定期的な対話（協議会の設置）
会計監査に関する情報の株主等への提供の充実	企業による会計監査に関する開示の充実	有価証券報告書等における、会計監査に関する開示内容の充実
	会計監査の内容等に関する情報提供の充実	監査法人による情報提供の充実（監査法人のガバナンス体制や運営状況に係る情報提供等）
		監査報告書の透明化（監査に際し着眼した重要な虚偽記載リスクの説明）
		監査品質を測定する指標（AQI）の策定
		監査人の交替理由等に関する開示の充実
		審査会のモニタリング活動に係る情報提供の充実（「モニタリングレポート」の作成・公表等）
企業不正を見抜く力の向上	会計士個人の力量の向上と組織としての職業的懐疑心の発揮	不正対応に係る教育研修の充実、関連する資格取得や企業への出向等の慫慂、監査チーム内のやり取りを通じたOJTの充実
	不正リスクに着眼した監査の実施	監査基準、不正リスク対応基準、品質管理基準等の実施の徹底
「第三者の眼」による会計監査の品質のチェック	監査法人の独立性の確保	監査法人のローテーション制度についての調査の実施
	当局の検査・監督態勢の強化	審査会の検査の適時性・実効性の向上
		審査会の検査と協会の品質管理レビューとの適切な役割分担の検討
		監査法人に対する監督の枠組みの検証
	協会の自主規制機能の強化	品質管理レビュー等の見直し
		自主規制機能の強化
		教育研修の在り方の見直し
高品質な会計監査を実施するための環境整備	企業の会計監査に関するガバナンスの効果	（コーポレートガバナンス・コードに基づく）各企業における監査人の選定・評価のための基準の策定
		各企業における適正な監査の確保への取組み（監査役会・監査委員会等の独立性・実効性確保と会計監査人との連携の強化、適切な監査時間の確保、監査報酬の決定の在り方等）
	実効的な内部統制の確保	内部統制報告制度の運用と実効性の検証
	監査におけるITの活用	協会において検討を継続
	その他	試験制度・実務補習等の在り方の検討

出典：『週刊 経営財務　No.3252』（税務研究会）

不祥事をなくすためには何が不足しているのか

「監懇提言」は示唆に富む提言がいくつもあるのですが、ことほどさように個人（公認会計士）、組織（監査法人）、業界（日本公認会計士協会）のそれぞれに問題があるようです。

ここは現場の専門家として、自らに厳しく直視して本質を話しましょう。

まず個人（公認会計士）についてですが、はっきりいえば、自ら考えて判断し、意見を立案し、相手を説得する力が圧倒的に不足しています。誰に「圧倒的に」対するかといえば、東芝のような日本を代表する企業のＣＦＯや経理部長に対して、です。特に相手を凌駕する交渉をするための場数（論争する回数）が不足しているのではないかと思います。

簡単なケースでみていきましょう。会社決算の利益確定上、決定的に重要になる資産の減損処理をしたがらないA社長、その指示を受けたB経理部長、実際に減損しない結論をまとめる稟議を起案するC担当者がいるとしましょう。監査法人側は、減損処理の要否を検討するD担当者と主査のＥマネジャー、そして監査報告書にサインするＦパートナーが対峙します。

最初は、会社のC担当者と監査法人のD担当者が、将来の当該資産から得られる収益性などについて、議論を重ねることになります。C担当者は、A社長の指示をB経理部長経由で聞いていますから、減損したほうがいいというD担当者の主張に必死に抗弁すると思われます。主査のEマネジャーに相談して、どうしても減損しなければならないと判断した場合には、即座に上席のFパートナーに報告、報告を受けたFパートナーは、B経理部長に交渉します。しかし、B経理部長も中間管理職として必死です。A社長の特命事項でありますし、ここで折れては部下のC担当者に対して立つ瀬がありません。双方が譲らないという事態が起こります。Fパートナーは事の重要性から、場合によりA社長への直談判を依頼することも交渉上大きなポイントです。経理の専門性が必ずしもないA社長は嫌がりますし、自分で始末をつけられなかったB経理部長も同様に嫌がります。

しかしここで逡巡せず懐に入って、覚悟を決めて主張することがFパートナーには求められます。そのためには、部下からの情報のファクトが正しいことと、そのファクトに立脚した理論が論理的であること、そして何よりも説得しきれる熱意を持ち合わせる必要があります。

会社側には減損しない会計処理をした場合のリスク、すなわちこれが粉飾につながり、株主や債権者から損害賠償請求を受けることの可能性等について、十分に、くどいくらい説明する必要があります。

どうしてもA社長が納得しない場合には、A社長が敬愛または大切に思う方を念頭に再度説得に努めることもあるでしょう。例えば、A社長が敬愛してやまない人がG経営者だとすれば、「こんな会計処理をG経営者は認めないのではないですか？」であるとか、娘さんであれば、「お父さんがこんなことで大問題になったら、娘さんはどう思いますかね？」などなど。つまりFigure（理想像）に照らして、究極に倫理を問うわけです。特に有効な手法だと思います。

つまりは、減損処理をしたほうが望ましいという確固たる信念があれば、もてる引き出しを全部出し切ってでも説得するわけです。当方の立場や都合だけが透けてみえるような薄っぺらなものでなく、「会社よし」「監査法人よし」「株主・債権者よし」の三方よしであることを真剣に説く、まさに真剣勝負です。

真剣勝負の場数が、年を取ってからの修羅場で効いてくるわけです。「監懇提言」には、相手を知るうえで、公認会計士個人の一般企業への出向も提言されています。一考の価値があるでしょう。

監査法人に今後求められるものとは

経営の観点でいえば、監査法人も例外なく経営環境に左右されます。元花王代表取締役の常盤文克氏によれば、外部経営環境としての「淘汰圧」と内部経営環境の「惰性圧」にさらされており、二つの圧力を克服することが組織を持続可能なものにする、とあります。「淘汰圧」は、社会の急激な変化、非連続の技術の発明並びに同業他社や他業界との競争などにより市場から退出を余儀なくされる圧力です。「惰性圧」は、会社内部で現状維持にとどまろうとして、リスクを取って新事業を新市場に向けて挑戦することを怠ったり、社内政治に明け暮れて、企業のもつ本来の役割や存在意義が社内で薄れていこうとする圧力のことです。

監査法人にとっての「淘汰圧」は、「監査の品質維持が困難になり、クライアントや市場からの信認が得られず、顧客を喪失すること」に尽きます。また「惰性圧」は、「決められたことをひたすら遵守する」ことに拘泥して、正しい財務情報を発信する、もしくは企業の不正を指摘するという「目的達成のために何が必要かを考える姿勢」が損なわれること、かと思います（監懇メンバー　引頭麻実氏発言を引用）。

監査法人の品質について、国際監査・保証基準審議会（IAASB）の「A Framework for Audit Quality」を下地に公表された監査基準委員会研究報告第4号「監査品質の枠組み」（2015年5月）があります。少し長いですが引用すると、

二一項　監査品質を重視する組織文化の醸成に関連する主な項目として、以下が挙げられる。

① 監査事務所は、適切な「経営者の気風（tone at the top）」を確立し、監査事務所の独立性を遵守するガバナンス体制を構築している。

② 監査事務所は、監査品質を高めるような人事評価及び報酬制度を通じて、社員等と専門職員に必要な適性及び能力の向上を図っている。

③　監査事務所は、財務的理由によって、監査品質を損なう行動や意思決定を行わない。

五八項　監査人と経営者との率直で建設的な関係は、監査人の指導・助言機能の発揮につながり、職業倫理に関する規定の枠内で、例えば、以下の事項に関する監査人の見解等を経営者に提供する環境を生む。

・被監査会社の財務報告実務に関する改善の可能性
・財務報告に係る内部統制の改善の可能性
・財務報告・会計基準に関する動向
・業界に関する視点
・被監査会社の法令遵守に関連する事項

五九項　監査人と経営者との率直で建設的な関係は、馴れ合いの関係とは明確に区別する必要がある。

(傍線は、筆者)

監査の品質を維持するために、監査法人内に「経営者の気風」を確立する。そして被監査企業の経営者とは、馴れ合いの関係になることなく、当該業界に関する視点も併せ持ちながら、率直で建設的な関係を構築することが重要である、となっております。

わが国の監査業界は、残念ながら、いまだ保守的な判断傾向に陥る審査体制に汲々としたり、なかには優良クライアントを集めることに奔走して、少しでも不安があるクライアントとの契約を解消する。つまりクライアントを保証する主体でありながら、逆にクライアントの信用に依拠しているといった本末転倒ともいえる気風が、業界内には沈殿しています。

医療にたとえれば、リスクヘッジのために手術や薬の投与を忌み嫌っては、患者は救えないということです。同様に、株主や債権者のために保証する監査法人が、保証行為から目を背けてはならないと思います。

もちろん、引用箇所にあるように、財務的な理由によって、監査品質を損なう行動や意思決定は行ってはならないし、経営者と馴れ合いの関係に陥ってはいけません。そしてそんな低次元のレベルでとどまれば、監査人が指導・助言機能を発揮することによる経営者との建設的な関係など築きようがありません。監査法人には、一定の財務的基盤が必要であり、内部留保を確保することが重要であることはいうまでもありません。

カネボウ問題、ライブドア問題以降は「会計基準について、詳しく説明してしまうと、粉飾教唆《きょうさ》につながるから、現場はいっさい具体的な判断はしてはならない」という箝口令がしばらく敷かれていた時期がありました（現在も存在しているかもしれません）。しかしそんなルールが敷かれていては、専門家は一向に育ちません。

本来は、公認会計士の指導・助言機能に光を当てた人事評価・報酬制度を通じ、社員と専門職員に必要な適性・能力の向上を図ることが肝要です。

専門職員へ圧倒的な信頼があれば、かような箝口令は存在しないはずです。

そのような意味では、「経営者の気風」や「財務的基盤」も大事ですが、組織にとっていちばん必要なのは「信頼」といえます。我々は、自由職業人です。自由職業人を束ねる組織は、どのような価値観が必要かを実質的に考える必要があります。

「依頼された仕事は、絶対に断らない」「できるものはやる。できないものはできる人をみつける」「一生懸命取り組んで、それでも間違っていたらすぐ謝って訂正する」。これも尊敬する先輩会計士の教えですが、これを愚直に守ってきました。信頼が生まれ、そして信頼が信頼を生み、独立できる素地が出来上がったような気がします。

顧客および自由職業人同士の信頼を醸成するには、妥協することなく一心不乱に仕事に取り組み、チームワークを発揮しなければなりません。それを可能にするポイントが、自由職業人同士であれば「適正規模」です。私が考える組織の「適正規模」の原点はまさにここにあります。

それでは、超大企業を監査する大監査法人は、どのように信頼関係を醸成したらよいのでしょうか。また、その結果、東芝不適切会計問題のような超大企業での不祥事を、本当に防ぐことができるのでしょうか。

これは、現在監査法人が直面する最大の問題点であり、規制官庁である金融庁が自主規制機関である日本公認会計士協会に強く求めていることです。

「経営者の気風」をもち「財務的基盤」を強固にしても、おそらく超大企業の監査現場で強い信頼関係が保持できなければ、同じような不祥事は続いて起こります。

信頼関係が希薄であることを前提としたルールを積み重ねる体制は見直し、現場へ権限を移譲し、現場チーム内の信頼および企業との信頼関係を取り戻す。このような発想の転換が求められる時期が到来したのではないでしょうか。

統合して寡占化する時代精神のなか、組織がよりマッチョ化することをよしとする方向から、本来の自由職業人に回帰するためにしなやかに分散化する方向への転換だといえます。監懇提言でも「大手上場企業の監査を担う監査法人を増やす環境整備」は、議論の対象になっておりますが、業界を挙げて取り組まなければならない重要課題といえるでしょう。

日本公認会計士協会は変革しなければならない

そういう意味では、監査法人を自主的に規制する機関である日本公認会計士協会の指導性がより問われる時代になってきたと思います。

私は、組織やシステムの大変革に対しては慎重派です。なぜなら、諸事に対する賢明な意思決定の積み重ねによって組織やシステムが構築されていると考えているためです。ただし、それはあくまで次の前提があります。

まず外部環境が「安定していること」。安定とはすなわち、企業による不祥事などがなく、諸先輩方がこれまで築き上げてこられた監査業務が、順当に機能することを指します。また監査法人組織内の状況――「内部環境」も重要です。私たち監査法人が自らの職責を認識し、時には身を切るような決断をする……つまり「賢明な意思決定が積み重ねられている」組織になっている必要があります。

では、果たしてそのような前提条件が満たされているでしょうか。

――残念ながら、私は自信をもってその問いに答えることができません。

私は、同協会の役員ではないし、大手監査法人の要職に従事しているわけでもありませんから、説諭する資格はないことは重々承知しています。しかしあえて言わせてもらえば、ここ10年「賢明な意思決定が積み重ねられている」とは言えない状況であり、協会幹部からは、よく「仕方がない」「どうしようもない」「自重しないといけない」といった声が溢れている印象です。

根本的な原因について、一会員として最近協会に対して素朴に感じることは、「非多様性」です。

これは、別に女性の比率が低いとか、外国人の受け入れがほとんどないとか、もちろんLGBT（性的少数者）などを指していっているわけではありません。

公認会計士会員の意見・見識の多様性が見事に失われている点です。

具体的にいいますと、

・協会主催の会計基準研修で説明する協会関係者は棒読みに近く、文言の解釈や事例ごとの判断に対しては「それは、何とも申し上げられない」と奥歯にものが挟まった言い方になっていること
・監査法人の品質管理状況をレビューする事例集も、財務諸表の重大な虚偽表示につながるとは思えない細かな指摘が多く、肝心の大きな不正についての言及がないこと

・例えば業界内として、オリンパス問題や東芝不適切会計問題を病理的に原因追究して、今後の再発が起こらないよう啓蒙する実質的な研修や勉強会が開催されないこと

・日本公認会計士協会の役員選挙は、四大監査法人やそれ以外の監査法人の総数が実質固定されており、予定調和的であったこと

などです。顧客の情報を漏らすことは重大な守秘義務違反になりますし、顧客を獲得するために会員を中傷する行為は信用失墜行為に当たることは、一会員として理解しているつもりです。しかし、過度な反応によって、業務水準を上げるために共有化すべき情報や意見が封印されているのではないかと危惧します。

新日本有限責任監査法人の3カ月の新規営業停止期間中の対応も異様なものです。すべての夜の飲食が禁じられたようで、顧客との飲食はもちろんのこと、友人との飲み会なども自粛したようです。母校の公認会計士OB会も、一斉に参加を取りやめていました（つまり、総人数の約4分の1が欠席で、盛り上がりに影響しました）。誰に対する自粛なのか、なぜそこまでしなければならないのか。大人の見識として、理解に苦しみます。

考えるに、すべて「会員」である監査法人や公認会計士を守る「非多様性」です。しかし、以前はこのようなことはなかった。自由職業人の集合体として、責任を明らかにして皆が自由に発言をし、活発な議論を交わしていました。

もともとは、組織の枠にはまらない、いい意味でいい加減な人材の集まりです。銀行からこの業界に転じたときに、公認会計士業界の先輩方の天衣無縫ぶりに適応するのが大変なくらい、一般企業の組織人とは意識の違いがありました。それが、急速に法人が巨大化する過程で、自分の身の丈に合わない組織人化を強いられた。組織にはまらない人材を無理やりルールで縛ると、さらにそれらが積み重なってしまう。それが繰り返されるうちに、多様性を封印せざるを得ない状況をつくり出した、といえるのではないでしょうか。

内部が閉鎖的な組織が、外部に対して開放的であるはずがありません。私はあるジャーナリストに、「今回の東芝不適切会計問題で、自主規制機関である日本公認会計士協会の会長は、なぜ責任を取って辞任をしないのか？」と詰問され、言葉に窮しました。確かにそのとおりです。会員である私もその自覚や覚悟を想定していませんでした。一監査法人、一監査チーム、あるいは一担当者だけの問題ではありません。自主規制機関として、同協会の責任は重いわけです。今後、自主規制機関としての在り方を一段と明示する必要があると思います。

その文脈では、2016年に女性初の会長となった関根愛子氏を経て、2019年に会長に就任した手塚正彦氏に大きな期待が集まっています。同氏とは、個人的な出会いでありますが、2007年のみすず監査法人解散時に、経営幹部として自分のことを二の次に、部門ごとの再就職先の他法人への折衝に奔走している姿にいたく感銘を受けました。以来、会長就任後もところどころで多くの示唆や助言をいただいておりますが、その姿勢や考え方にいつも敬服しております。

そうした手塚会長の強力なリーダーシップのもとで行われている日本公認会計士協会改革に、私自身も、従来とは異なる手法で、閉鎖的な協会体質に風穴を開け、かつ業界の発展に貢献できるよう協力していきたい、と考えております。

［第6章］

自由職業人を育てる組織づくりという挑戦

有限責任監査法人制度は本来のパートナー制度とは合致しない

第4章で、大部屋制の問題点を指摘しました。監査法人の基本となるパートナーシップ制では、無限連帯責任を各パートナーが負う。だから、本来は大部屋制の弊害などはあり得ず、隣のシマのことには無関心などということにはならないはずなのです。

しかし、組織の巨大化が法律を変えたのです。法人の規模が大きくなると、例えばパートナーが500人という状況にもなります。500人もの人間がお互いを信頼して、円卓を囲むというのは、物理的に現実的ではありません。また、一つの会社の決算を監査するのに、500人がチェックして、サインするというのも現実的ではないでしょう。

そこで、2008年4月に、「公認会計士法等の一部を改正する法律」が施行され、監査法人の責任の在り方も見直されて、有限責任監査法人制度が創設されました。有限責任監査法人とは、その社員の全部を有限責任社員とする定款の定めのある法人をいいます。指定有限責任社員を設け、この者だけが業務を執行する権利を有し、義務を負い、有限責任監査法人を代表するものとします。そして、監査法人の債務をその監査法人の財産をもって完済できない場合は、指定された社員が連帯してその弁済の責任を負うとされました。つまり、全員が有限責任社員なのですが、そのなかで指定された一部の者に権利が集中する代わりに無限連帯責任も負わせるということです。

この指定有限責任社員は例えば3人、それに審査担当社員4人程度が基本になっています。先ほどの500人にあてはめていえば、例えば合計7人が関与する責任社員となり、あとの493人は一般の有限責任社員ということになり、決算の審査に加わり、サインをする必要もないから無限責任を負わないということになります。有限責任監査法人の経営者も含めてですから、監査法人全体にかかるリスクを遮断していることになります。そのため、金融庁も本来あるべき無限責任社員制度の監査法人に比べて、監視をより強めなければならなくなっています。これで果たして、いいシステムになったといえるのでしょうか。確かに、500人が責任を負うというのは現実的ではないのですが、では果たして4人とか5人で十分なのかという問題が残ります。それまでは例えば15人とか20人が組織を回してきましたし、一つひとつの決算もチェックしてきました。

その人数が、逆に大幅に減ってしまったわけです。わずか数人の責任者以外は、より無責任な立場になってしまったといえるのです。これで本当にいいのでしょうか？　正直、大いに疑問です。これはパートナーシップの本質論とはかけ離れています。有限責任監査法人というよりはむしろ、無責任な監査法人制度になってしまったのではないかとすら感じています。ピュアな監査法人というものは、少人数のパートナー全員が、無限連帯責任という枠組みのなかで組織を回していくというものです。それに対して有限責任監査法人は、要は変則的なピラミッド組織であり、一部の人間が無限責任を取って権利と義務を負い、その他の社員は責任を負わないというわけです。それがスタンダードになるということに、私は大きな違和感をもっています。それはパートナーシップではなく、ヒエラルキー組織だからです。

ヒエラルキーは組織人化を促進します。セクショナリズムを生み、責任逃れも誘発するのが常です。そして、何度も繰り返しているように、意思決定のデフレ化を常態化させるのです。大規模な組織はまた、どうしても人員が流動化するものです。辞めていく者も多く、入ってくる者も多い。そして、ローテーションも頻繁に行われます。風通しのよさは悪いことではないですが、地に足の着いた濃厚な信頼関係、仲間意識はそこでは醸成されません。それも違和感のもとです。

その違和感も、結局は大規模化してしまった監査法人という組織から発しているものでしょう。円卓に座る人数の問題ではありません。全員がつながることがパートナーシップの原点であり、そしてそれこそが、自由職業人の組織を意味するのだと思っています。第1章でも述べたように、組織あっての自由職業人は成り立ちません。自由職業人として腕を振るうための組織という舞台装置に過ぎないのです。もっというならば組織の枠のなかに個が存在するのではなく、個の集合によって組織が構成されるから、楽しく面白くなるのです。

気のおけない、本当に信頼できる仲間が集まっている。お互いの自由を尊重しつつ、連携している。それこそがパートナーシップです。これは組織における責任と権限の話とは少し違う。そこで必要なのは、ノブレス・オブリージュの考え方なのだと私は思っています。しかし、先述したように、経済の発展に寄与するためには超大企業も必要であると同時に、大規模の監査法人も必要になることは確かです。そこはダブルスタンダードを容認するしかないのかもしれません。

私の考える理想の組織は5人から10人、多くてもせいぜい20人のパートナーシップであり、そこは長期間、基本的に変わることのない円卓なのです。その人数が6人だとしましょう。すると、あるケースではそのうちの3人がメインプレイヤーとなってAクライアントを担当する。ほかの3人はバックヤードでチェックする側に回る。Bクライアントに関しては、立場が逆になる。あるいは、必要に応じて一人、人間を入れ替えるなどして血の循環を促す。そうした流れで、全員がその企業に責任を負う。このリスク共有とダブルチェック体制を組むのがパートナーシップ制度の特徴だと思います。そこには、責任を逃れる人間もいなければ、現場から隔絶した立場の人間もいません。皆が同じ目線で、同じ価値観を共有している。そうした組織です。

もちろん、自由職業人としての個人を皆が尊重しています。ここに生まれるモチベーションやコミットメントは、一般的な組織論からは導き出せないものだと思います。そうした個々人をつなぎとめる最大のニカワは、魅力的な理念、あるいはビジョン、はたまたミッションです。第7章でまた説明したいと思います。

採用の基準は才能ではなく相性を重視

そうした組織も、もちろん新規に人財を採用します。例えば私の経営する法人の場合、最近では、毎年10人以上を厳正かつ丁寧な選考プロセスを経て、採用しております。何をもって彼らを選んだかというと、彼らに何ができるか、あるいは何が得意かということではありません。こういう仕事をやってもらうための人財という採り方もしません。採用にあたって私たちが最も優先していることは、「仲間として、どれだけ長く一緒にやっていけるか」という点です。

簡単にいえば、自分たちが思うに、その人が「いい奴」かどうかなのです。私たちのもっているスピリッツもしっかりと伝えて、それについて本当に納得感が高いかどうかが重要なのです。

私たちは、クローズドな組織のなかで、プライバシーをかなりオープンにして、家族的な信頼関係を形成しているので、そこに同調することができるか、異分子とならないかどうかがたいへん重要なチェックポイントであるわけです。

地頭のよさやセンスのよさは大切ですが、即戦力かどうかは問題ではありません。必要なスキルを強いて一つ挙げるとすれば、やはりコミュニケーション能力です。いささか硬い言葉を使うのであれば、対人折衝能力となるかもしれません。どんな職業でもそうでしょうが、私たちにもこの能力は切に必要です。第2章で説明した取材力のベースともなる能力、あるいは才能でしょう。

まずは就職説明会を行って、説明しながらマン・ツー・マンで面談もします。そのあとで、必ず飲み会を行います。今はコロナ禍なので、オンラインですが、それでもそこで人間性をしっかりと判断させてもらいます。本当に一緒にやっていける人柄かどうかをみます。ただ、その時点ではまだ公認会計士試験の合格発表前なので、そのまま採用というわけにはいきません。まずはポテンシャルを見るということです。上司からすれば、本当にその人間を育てたいと思うかどうか。若いメンバーからすれば、気の合う仲間になれるかどうかを見るのです。

それで合格発表後にそこで当たりをつけた人たちに、再度、面接試験を行います。

面接試験後は、2、3日で選考して内定を出し、採用活動は終了します。これは、当監査法人の伝統です。最速で優良人財を選抜し、翌月からは入所研修を3～4週間で集中して行い、その翌月からは監査現場チームに帰属する、それは、新規人財に早期成長してほしいからです。

なお、就職説明会、法人説明会、懇親会、面接といったすべてのプロセスに法人代表である私が全面関与しております。これは、他法人にはまずない大きな特徴点です。「いい林檎が欲しければ、腐った林檎が入った樽からではなく、木によじ登って取りにいけ」と肝に銘じ、今も先頭に立って指揮しております。

徹底的に教育する、生涯学習する組織を求めて

採用したあとは、OJTのほかにオフJTとして研修もかなり行います。両方をまとめて、アクションラーニングと呼んだほうが適切かもしれません。研修は、3カ月に1回のペースで丸2日かけて行います。基本は私や特定のパートナーが講師となって教えるというスタイルですが、1年目の終わりには、新人自身にそれまで自分が学んできたこと、これはノウハウになったと思うことを私たちにプレゼンテーションしてもらいます。

そこで重視することは、内容もさることながら、プレゼンテーションそのものです。ただ、インプットだけしても意味がないからです。インプットしたものを発酵させて、アウトプットしてもらわなければいけない。そのアウトプットも、専門家のなかだけで通じるアウトプットではいけない。自分自身がしっかりと咀嚼して、誰もがわかるように話せなければいけない。だから、「そんな説明ではほとんどの人が寝てしまうよ。社長は間違いなく寝る。いちばん聞いてもらいたい人を寝かせてどうする？」などと叱咤しています。

ベースは、誰でもわかるように説明すること、そのうえで興味深く、納得感が高くなるように説明し、提案すること。さらに、そうした商品をつくって提案していくこと。

そういうアウトプットができるような研修を行うようにしています。

これは新人に限った研修ではありません。基本は全員研修です。

研修といっても、実地からかけ離れた座学研修ではありません。ＯＪＴと融合させます。実際に今、行っている案件についても説明してもらいます。

そうすると、経験が浅い間は、さまざまな意見が返ってきます。

「本当にそんなことが言えるのか？」

「こういう場合はどうするの？」

「そんな証拠力（エビデンス）だけで、本当にそんな結論が出せるの？」

「こういうリスクはどうやってカバーするの？」

そんなふうにだめ出しを受けます。誤解していただきたくないのですが、これはあくまでも研修であって、審査会ではありません。もちろん、結果としてプロジェクトごとの軌道修正に役立ちますが、メインの目的はあくまでも、〝人を育てる〟ということです。

年に1～2回、「ベストプラクティス・コンテスト」なるものも行います。これも全員が対象です。

これはどういうものかというと、「受け持っている監査業務などのなかで、新たな着想で仮説を立て、その仮説が正しいかどうか、クライアントに確認と検証をして、導き出した結果をプレゼンしたところ、クライアントが取り入れてくれて仕組み革新などが起こった」という好事例を、自分の今年のベストプラクティスとして発表してもらって、皆でチャンピオンを決めるというものです。そのためにチャンピオンベルトまで作りました。iPadなどの賞品ももちろん用意します。

今は、コロナ禍で中断しておりますが、研修以外では、年に1回は必ず1泊2日、あるいは2泊3日で旅行に行きます。これは、お互いの信頼関係を確かめ合う、改めて深めるためです。以前からのフットサルやゴルフコンペのほか、自転車部も創設されました。家族付き合いも深めています。これらはもちろん、研修とは違いますが、そこで気づくことがあれば、注意深く見守ったり、必要に応じて相談に乗るのは当然です。

次に、人事評価手法についても説明しておきましょう。

私の経営する法人では、各人にまずメンターがつきます。半年ごとに設定した目標に対する自己の達成度、未達の場合にはどのように行ったらいいか等日頃の悩みも含めて相談する役割を果たします。目標は、法人メンバー自らがボトムアップで創出した3つの価値観（バリュー）（第7章P194参照）によって、職階（パートナー、マネジャー等）ごとに設定されており、半年ごとの実績に基づく自己評価を参考に、メンターを含めた一次評価者が評価を行い、通期では、二次評価会議で評価と来期の報酬が最終決定され、その内容を踏まえて、法人代表である私が、その決定された評語と来期の報酬を伝えるとともに、今後の課題とその対応や将来像なども1時間みっちりと議論するといった形で組織的に進めております。

またこれとは別に、法人設立して間もない頃から、1年に一度、従業員満足度調査と同時に顧客満足度調査も行っております。その両方の調査をクロス分析し、相関性を考えて、クライアントの監査チームのメンバーの見直しや増強の要否等を検討しています。例えば、クライアントの満足度は高いのに、チームに帰属しているメンバーの満足度が低いような場合には、「燃え尽き」の兆候がないかを配慮し、メンバーの補強などを検討するといった感じです。毎年7月に開催しており、その後、総括結果を法人HPに公表しています。点数の高さに焦点を合わせたものではなく、監査チームごとにより改善できる点がないかを検討するための経営改善ツールとして、この重要なサーベイを可視化しております。結果の総括はHPに毎年掲載しております。

自由職業人になるための教育。必要なのはソーシャルパワー

自由職業人、公認会計士として自立するためには、技量やスキルは当然として、コンサルティングマインドを醸成しなければなりません。このためにも、従来の公認会計士に決定的に不足しているのが、実は営業力なのです。

自由職業人、プロフェッショナルというものを、どこかで誤解している節があります。皆、いまだに「武士は食わねど高楊枝」を決めていると思えるほどです。これは医者も教師も、つまりは〝先生〟と呼ばれる人すべてに共通していえることだと思うのですが、サービス業であるという自覚に欠けるのだと思います。

プロフェッショナル、あるいはパートナーの重要な要件の一つは、売上を伸ばすことができるということです。売上を伸ばすためには、営業力が必要です。

もちろん、私たちの営業は提案営業であり、強引な営業姿勢は似合いません。つまり、営業力があるということは、サービス精神をもち、顧客主義を理解し、柔軟で、腰が軽く、提案力、プレゼンテーション能力、対人折衝能力があるということなのです。これを総体的にいうのであれば、私は〝社会的適応力〟という言葉を使うのが一番だと思っています。

公認会計士もそうですが、〝先生〟の多くは、まだまだ社会的適応力が低いのです。先生という言葉が壁をつくるために、社会との適応がおろそかになるのかもしれません。もちろん、私たちは〝先生〟ではありません。そう呼ばれることも好みません。当法人は設立時から「先生」と呼び合うことは廃止しています。しかし、士業には自ずと、そうした落とし穴があるものだと思います。

専門家として毅然とした態度は崩さず、社会的適応力をもって、営業する。

字面からいっても、至難なことだと思います。「意見だけ買いたい」というスタンスの企業もあります。そうした場合は、毅然と辞退する必要があります。何であれ対応するのが私たちのサービス精神ではありません。

もちろん、その才能、未来を見積もる能力を企業の経営陣に認めてもらわないことには、私たちの営業は実を結びません。つまり、私たちが養うべき営業力とは、上場企業の経営陣を対象とした営業力です。これは簡単なことではありません。しかも、最初に判をついてもらうだけで営業の仕事が終わるわけではありません。私たちの主張、熱意、専門的判断、実績に納得していただいて、コミットし続けてもらわなくてはなりません。さらに、その関係は対等でなくてはいけないのです。

そのうえ、私たちの仕事は差別化がしにくい仕事です。「適正」という意見がそうそう変わるものではないというのが、一般的な認識だからです。

私たちの営業は、飛び込み営業などのできる類のものではありません。もし仮にそうしたことをしたとすれば、それは会計士法上、日本公認会計士協会会員間での信用失墜行為とみなされてしまいます。ほかの会員の契約を蔑《ないがし》ろにする行為といえるからです。つまり、営業はどのように行うかといえば、それは個人の人脈を頼らざるを得ないのです。主には証券会社、あるいはベンチャーキャピタル、個人の公認会計士事務所や経営コンサルタントなどのルートです。彼らは、時には飛び込みもしますし、私たちよりも営業力は上です。彼らの情報、紹介が最も有力なため、そうしたルートを常日頃からどれだけ太くもっていられるかが重要なのです。

しかし、こうしたルート開拓は、もちろん簡単ではありません。特に組織人として働いていたのでは、無理です。小まめに、濃厚な付き合いをしていかないとだめなのです。もちろん、ギブ&テイクが基本です。

また、個人の会計士の先生と知り合いになるには、日本公認会計士協会の仕事をいろいろとするのも近道です。実務補習所で教えたり、試験委員を担当するなどです。そういう活動から諸先輩方との接点が生まれます。接点が生まれたら、そのルートを太くしながら維持しなければなりません。それは地味な作業です。研究会や勉強会の開催なども役に立ちます。

それは、そう簡単には開花するルートではありません。だからこそ、若いうちから地道に築き上げていくしかないのです。その方法論を教える。これも大事な教育だと思います。

営業したあとに必要なのは、マネジメント能力です。自由職業人の唯一悪いところは、ワークスタイルも自由だというところです。仕事優先で、決められた時間というものには意外とルーズなのです。個性も豊かです。そういうメンバーをうまくマネージしていくことが、現場のリーダーには求められるわけです。

将来のリーダーに、またそれ以前に立派な自由職業人になってもらうために、メンバーには「やり方」ではなく「考え方」をしっかり叩き込んでいきたい。つまり、社会人というよりも、そう、秩序感覚のある市民になるための教育をしているといったほうが正解に近いと思います。

その意味でも私たちは、ほかの監査法人とも、個人の会計士事務所とも違う組織だろうと感じています。

公認会計士にとってのハッピーリタイアメントとは

公認会計士のリタイアメントについても考えてみましょう。

そもそも公認会計士には引退という規定はありません。実際、個人の会計士事務所の所長は、生涯現役を宣言している方も多いと思います。ただ、監査法人という組織で考えると、やはりリタイアメント・ルールというものも重要になってきます。いちばん強みを発揮できる人が先頭に立って組織を引っ張る必要があるからです。

ただ、ヒエラルキーの組織と同じように、上り詰めたら終わりである必要はないと思っています。あるいは欧米流のパートナーシップのように、アップｏｒアウトである必要もないと考えます。どういうことかというと、例えば60歳になったら代表社員などの座は降りて、一公認会計士としてまた現場に戻るという道もあっていいと思うのです。自由職業人として、まさに自由に活躍する道はそれからもあると思います。60歳になって、まだ一線で働くか、あるいは本当にリタイアメントするかを選べばいいと思っています。

それを前提に考えれば、55歳ぐらいから徐々に承継を進めていくというルールは必要だろうと思います。高齢ゾーンに人が淀むようなことがあれば、その組織はいずれ衰退してしまいます。また、いつかは保守的な考えがはびこるようになってしまう危険性も高いと思います。

実際に、準大手以上の監査法人では、少し極端にいえば、50歳を過ぎた頃から、もう実質的には稼いでいないというケースが多いのです。

なぜかというと、彼らはずっと営業をしていないからです。営業をすることなく、クライアントが向こうからやってきて、増えていったからです。

クライアントの数は常に右肩上がりだという前提のもとに、人事制度を構築し、それをずっと堅持してきてしまった。それが組織の成長の弊害になってしまった。加えて、しかるべき時期になれば皆、自主的に独立して、個人会計士事務所をつくるだろうと考えていたようです。ところが、あるときから「兼業禁止」を打ち出してしまった。つまり、個人で組織の仕事とは別に対外的な専門的仕事を受けることはまかりならないということです。

一般企業にとっては当然のことかもしれませんが、自由職業人にとってこのお達しは大変に違和感のある話なのです。それによって、組織人化が一気に進んだともいえるでしょう。そのために、彼らは独立もできなくなりました。自立した現場で働く方法を忘れてしまっているからです。

さらに追い打ちをかけたのがローテーション・ルールです。監査法人は7年に1回、大手監査法人の場合は5年に1回、パートナーの担当を替えなければいけないのです。その結果、これは笑えない話ですが、1社もクライアントを担当していないパートナーというのも出てくるようになるのです。また5年で替われば、当然にクライアントへの愛着は醸成されない。愛着がなければいい仕事などできるはずがありません。愛着と馴れ合いは同義ではないのです。

この問題は、今後ますます深刻な問題としてクローズアップされてくると思います。最近は監査法人単位でのローテーションも話題になっていますが、導入して成功している国があれば教えてほしいものです。韓国やイタリア、ブラジル……。特定の金融機関を対象とするならともかく、全業種の上場企業を監査法人単位でローテーションすることの社会的コスト、市場での混乱等、必要なファクトに基づいた慎重な検証を十分に行って結論づけるべきでしょう。

公認会計士のあるべきキャリアパスをアフォードする

先述したように、従来は監査法人の交代というのはほとんどありませんでしたが、今はそれなりにある話です。

その場合は、前任から後任の監査法人へ、顔をつき合わせて業務の引き継ぎを行う必要があります。しかも、この交代劇は、繁忙期に短期間で行わなければいけない場合がほとんどです。3月決算であれば、6月の株主総会の1カ月前の取締役会で株主総会に出す議案を決めますので、その取締役会までの間、しかも決算短信が発表されてからの、ほんの2～3週間の間に行われるからです。なぜならば、監査法人の交代は取締役会で決議しなくてはいけない。ただ、決算短信発表後でないと、投資家に監査が途中の段階で交代があったとみなされる危険があります。それは避けなければいけません。

私たちも、そうした慌ただしいなかで後任の監査法人に選ばれるということがあります。そうした場合は、引き継ぎの場には担当するパートナーが一人で行きます。忙しい時期ですし、質問をして聞きたいことを聞いて、しっかりとメモをして、手続を粛々と進めればいいだけだから、一人で十分なのです。

ところが、行ってみて驚くのですが、前任の大手監査法人は6人も7人も集まるという場合が少なくありません。それでこちらが質問をすると、答えるのはパートナーではなく、マネジャーなのです。

「ああ、このパートナーはお飾りだな」と思うことがしばしばです。

私にとって、責任者であるべきパートナーが、クライアントのことについてほとんど知らないということが信じられませんでした。現場はマネジャーが陣頭指揮を執って回している。パートナーは5年ごとに交代して、お飾りになる。まるで官僚と大臣の関係のようだと思いました。腰掛けなのです。これでは独立して仕事ができるわけがありません。

定年に際して、本当にオールｏｒナッシングになってしまいます。そうではいけない。だから考えるべきことは、新入社員をいかに育てるか以上に、社員、パートナーが現場感覚を失わず、磨き続けられるような人事制度であり、職場環境の醸成方法なのです。自由職業人たる気概とモチベーションをどのように保ちつつ、組織というもののよさを享受していくか、そこがこれからの課題だと思っています。

先述したように、もう一度現場に戻れるようにキャリアの途中から調整していく。あるいは常勤から非常勤、ラインからスタッフという道を確立する。例えば5分の3は今までどおり監査法人に寄与していただく。そして残りの5分の2は個人で活動される。現場で監査や税務、経営コンサルティングの仕事をする。あるいは執筆をしたり、業界団体で活躍されたり、セミナー活動に力を入れる。いずれにしても、そうやって何らかの形で活躍できるように、生涯現役であり続けられるように、カンと腕を磨き続ける。そうしたことができる組織づくりが必要なのです。

そして、なかでも少数の人間には、徹底して残っていただき、代表の座を承継していく。一つの監査法人という狭い領域に限った話ではなく、広く公認会計士業界のなかでのキャリアプランを描けるような制度をこの1、2年で確立したところであります。

もちろん、私たちとしても少数精鋭の優秀な人材を獲得して、ゴーイング・コンサーン（継続）していかなければいけません。ゴーイング・コンサーンが最大の福利厚生だと思います。この法人は私の法人ではなく、社会の器ですから、その担い手に私自身も固執するつもりはもちろんありません。ただ、私自身のことも含めて、それだけでなく、つまりは自分たちの組織がよければいいというだけでなく、社会にもよき市民、優秀な会計士を輩出していくことで貢献したいと考えています。

そのためにも、やはり原点に戻って、相性のよさ、同じ価値観をもっているかどうかが、採用の段階から重要なのです。そして、最初はそうであっても、人間は変質もするものですから、常に、意識のすり合わせをしていく必要があります。そのための面談には力を入れています。新人からパートナーまでトップ面接をしています。そのなかで意識のすり合わせをして、問題があれば、必要な処置を講じるようにしています。

そういう意味では、当法人の人事制度は、組織化したとはいえ、アナログなものを残しているといえます。デジタルに、システマティックに計算する部分よりも、人智によって調整する部分のほうが多いという言い方ができるかもしれません。常勤のメンバーには決算書とその明細も全部渡して、毎年説明しています。全員が、事務所や個々のパフォーマンスをわかってしまいます。それでいいと思っています。信頼関係がベースにあるからです。

私たちには法人設立時に起草した、メンバー間で信頼をもとに価値観を共有する

「17 spirits」があります。これは職業専門家集団としていかに仕事と人生を楽しく充実したものにするかを宣言したものです。

第7章で説明しますが、ミッション（存在意義）、ビジョン（将来のありたい姿）、そしてメンバー自らが創り上げたバリュー（価値観）もあります。しかし、私たちにはいわゆる〝組織の論理〟はありません。それができてしまえば、わが法人も終わりだと思っています。組織の論理とはつまり、利害関係がはっきりしない論理です。誰のためなのか、誰の意見なのかもわからない、だけど皆を縛ってしまう論理です。これはまさに組織の自己防衛です。組織のしがらみに専門的な意見が縛られない、それが自由職業人の大事な要素です。

職人気質は、医者や建築家などの専門的職業にも通底するものだと思います。資本主義社会や株式制度が生み出した公認会計士という職業を今後も継承、発展していくためには、専門家の自治を確保すること、また何よりも大事なことは、専門家としてその自治を有することを深く自覚することが、肝要だと思います。

［第7章］

監査法人の未来・公認会計士の理想像

サービス労働者から知識労働者へ。ポスト資本主義社会に生き残れるか

ポスト資本主義社会における支配的な階級は、知識労働者とサービス労働者であると、ドラッカーは言っています。そして、「知識社会における最も重要な社会的勢力は知識労働者となる。資本家が資本の生産的使用への配賦の方法を知っていたように、知識の生産的使用への配賦の方法を知っているのは、知識経営者であり、知識専門家であり、知識従業員である。しかも、彼ら知識労働者のほとんどすべてが、組織によって雇用されている」（『ポスト資本主義社会』P・F・ドラッカー著／上田惇生訳　ダイヤモンド社）と述べています。

それに比べて、「他方、ポスト資本主義社会における社会的な課題は、ポスト資本主義社会の第二の階級たる人々、すなわちサービス労働者の尊厳に関わる問題である。サービス労働者には、一般に、知識労働者となるうえで必要な教育が欠けている。しかしあらゆる先進国において、しかも最も進んだ先進国においてさえ、多数派は彼らサービス労働者である」（同）と言い切っています。

知的労働と単純作業。後者は、現在では外部化が進んでいます。労働コストが安いところへと流れていきます。都市から郊外へ、そして海外へ。そうした傾向は、いかなる業種業態でも起こっています。

さて、私たち監査法人の業界、公認会計士の世界はどうでしょうか。私たちは時には〝先生〟と呼ばれ、自分たちを当然知識労働者、なかでも知識専門家だと考えてきました。そうであるべきことは事実です。ところが、いつの間にか私たちの多くは自己判断のできない存在になってしまっていました。どんどん組織人化が進んでしまっています。意思決定をしない、単純に情報だけを取ってきて整理をする存在であるとすれば、それはサービス労働者に過ぎません。

現場で、パートナーもマネジャーもスタッフも、自分たちの知を統合して、企業ごとの個々の事情を勘案して、自分たちの責任で判断をする。それこそが自分たちの存在価値であり、職能だということを忘れてしまっているとしたら、それはもう、知的専門家とはいえないことは明らかでしょう。

そうだとすれば、この機能は早晩、外部化が進むはずです。海外へ流出してしまうかもしれません。知識や器用さでは決して日本人に劣らず、それでいて賃金の安いアジアのどこかの国の人に任せればいいということになってしまいます。また最近では人工知能が、サービス労働者が行う業務を代替するのではないかとのレポートも報告されています。

加えて、監査法人の判断というものが、本当に全体最適解になっているのかどうかも、もうわからないということにもなりかねないわけです。

そこには、監査法人の原点はありません。

このままでは、会計士個人も、組織も業界も劣化していくことになってしまいます。そうなると、外部化のほかに、もう一つみえてくる不都合な未来絵図があります。それは第2章でも指摘したように、公務員化です。社会的サービスとしてプロセス重視できっちりと正確にこなしていくことが求められる。一人ひとりは自由職業人などではなく、自分に与えられた細分化されたパートをきっちりとまっとうしてくれればそれでいい。そうなってしまえば、これは行政機構のなかに組み込んで官僚組織の外郭団体になればいいという話になってしまうかもしれないのです。

もちろん、そうした道は明らかに時代に逆行しています。当然、そうなってしまえば、日本の企業、産業の成長に寄与するという監査法人のそもそもの使命はまっとうできなくなるからです。

グローバリゼーションはいまだに私たちに強力な影響力を及ぼしています。グローバリゼーションこそが、従来の日本のさまざまなパワーバランスを崩してきたわけです。今後外国との協定による相互主義で、専門的職業家が諸外国から一気に流入する可能性もゼロではないのです。

監査法人、公認会計士業界は、そうしたグローバリゼーションの大波をまともに受けている業界の一つです。欧米のビッグファームが、あるいは近い将来には中国の監査法人が、さらに強力に日本の市場に進出してくるかもしれません。国境がなくなってきたときに、いかにそうした流れに抗い、むしろ自分たちのノウハウやシステム、経験をグローバルに展開していけるかが今、問われているのです。

そのためには、まずは当然、サービス労働者という立場から脱却しなければなりません。知識専門家として自立する。そのためには、何としても監査法人の原点、パートナーシップと会計士制度の原点に立ち戻り、組織の在り方、個人の職業意識の在り方を思い出していかなければいけないはずだと思っています。

そして、専門家のあるべき姿、専門家集団のありさまを強く打ち出し、世に問うていかなければいけないと思っています。

成長途上の挫折とその超克

知識労働者集団として歩み出して、価値観を共有するメンバーとこれからできることの目途が立ち、設立10年目になろうとする頃に、道のりは平たんなものではないことを、私も監査法人も痛感せざるを得ない事象が発生しました。

２０１７年5月からの公認会計士・監査審査会による検査とその結果である「改善勧告」を受けて、金融庁から発せられた「業務改善命令」です。業務改善計画を提出し、そのモニタリングを受け、４カ月間で当該モニタリングは終了したものの、信用が肝心要の監査法人としては大きな衝撃が走りました。

上場企業を含む全クライアント、関係諸団体および証券会社等には、すぐに説明に奔走しました。特に、上場を準備していたクライアントからのお叱りに対しては、ひたすら平身低頭するのみでした。また、事務所のメンバー全員に対しても、これまでのプロセスを含む状況を細かく説明しました。

世間での度重なる会計不祥事に対応する規制強化という外部経営環境の変化に十分適応しきれなかった点に尽きます。誤解のないように申し上げますが、会計不祥事に巻き込まれたり、会計不正を見逃した結果責任が問われたりしたわけではありません。

規制強化のなかで、要求されている監査手続に対する監査調書が十分に残されていないというプロセスに不備があることから、その原因として、急速な成長に比して業務管理体制に不備があるとし、その根本原因には法人トップの品質管理体制に対する取り組みや姿勢が十分でないことが指摘されたのです。

監査法人を経営する立場として、そうした外部経営環境の急激な変化への認識が甘かったがゆえに、ステークホルダー（監査法人を取り巻く利害関係者の方々）に多大なご迷惑をおかけしたことは、猛省しなければなりません。迅速に手を打ち、毀損した信用を一刻も早く取り戻さなければならない、そう思いました。

まず、理念を修正しました。今までは、知識労働者である職業専門家としての自主性、創造性に依拠したわけですが、健全な懐疑心を損なうことなく、職責を反映した監査調書がしっかりと作成できるよう、法人が組織として全面的に関与できるよう大きく修正したのです。

そのためには、業務管理体制に不備があると判断される原因となった人的リソースの拡充とガバナンス改革の実行に取り組む必要がありました。といっても人的リソースの拡充は、行政処分を受け、信用が毀損している状況では、容易なことではありませんでした。

安心して監査業務に取り組めるように、専門性を発揮する機会と時間を創出するために、業務分化を進められる規定づくりやルールを刷新したこと、またそれまで実施していなかったキャリア人財の採用を行ったこと、また外部からコーポレート・ガバナンス専門の弁護士先生に経営監視委員に就任していただき、月次の常勤社員会に出席して意見を提言いただいたことなど、ひたすら体制の強化に努めました。

同時に着手したのが、貴重な事務所メンバーをつなぎとめるリテンション戦略の一環として、業績評価制度や研修制度の大改革を行いました。このあたりは、すでに第6章に詳述しましたのでご参考にしていただきたいのですが、こうした経緯のなかで、理念の修正に基づき、抜本的に経営管理体制を構築したことをご理解いただきたいと思います。

中堅監査法人としてのミッション・ビジョン・バリュー

最後に実行したのが、今後の法人の方向性を明確にするためのミッション・ビジョン・バリューを再定義したことです。図表8をご参照ください。

まず、ミッション（存在意義）ですが、社会の公器たる企業と社会的使命感を有する人財の架け橋、すなわちプラットフォームとしての役割を果たすことを通じて、資本市場及び経済社会の健全な発展に寄与すること、としました。換言すれば、社会の公器である企業の成長と、企業とともに成長する人財（個）の連結環になることこそが、私たちの存在意義であるということです。

ビジョンは、未来のありたい姿です。一言で言い表せないことから、「圧倒的な『個』の力を有する優秀人財を輩出する」「何にも屈することなく、公正な判断をすることができる適正規模」「前例にとらわれず先導的な役割を果たすことのできる業界最高水準」の監査法人を目指そうと定義しました。「組織」のサスティナビリティが「個」のサスティ

［図表8］ 監査法人アヴァンティアのミッション等

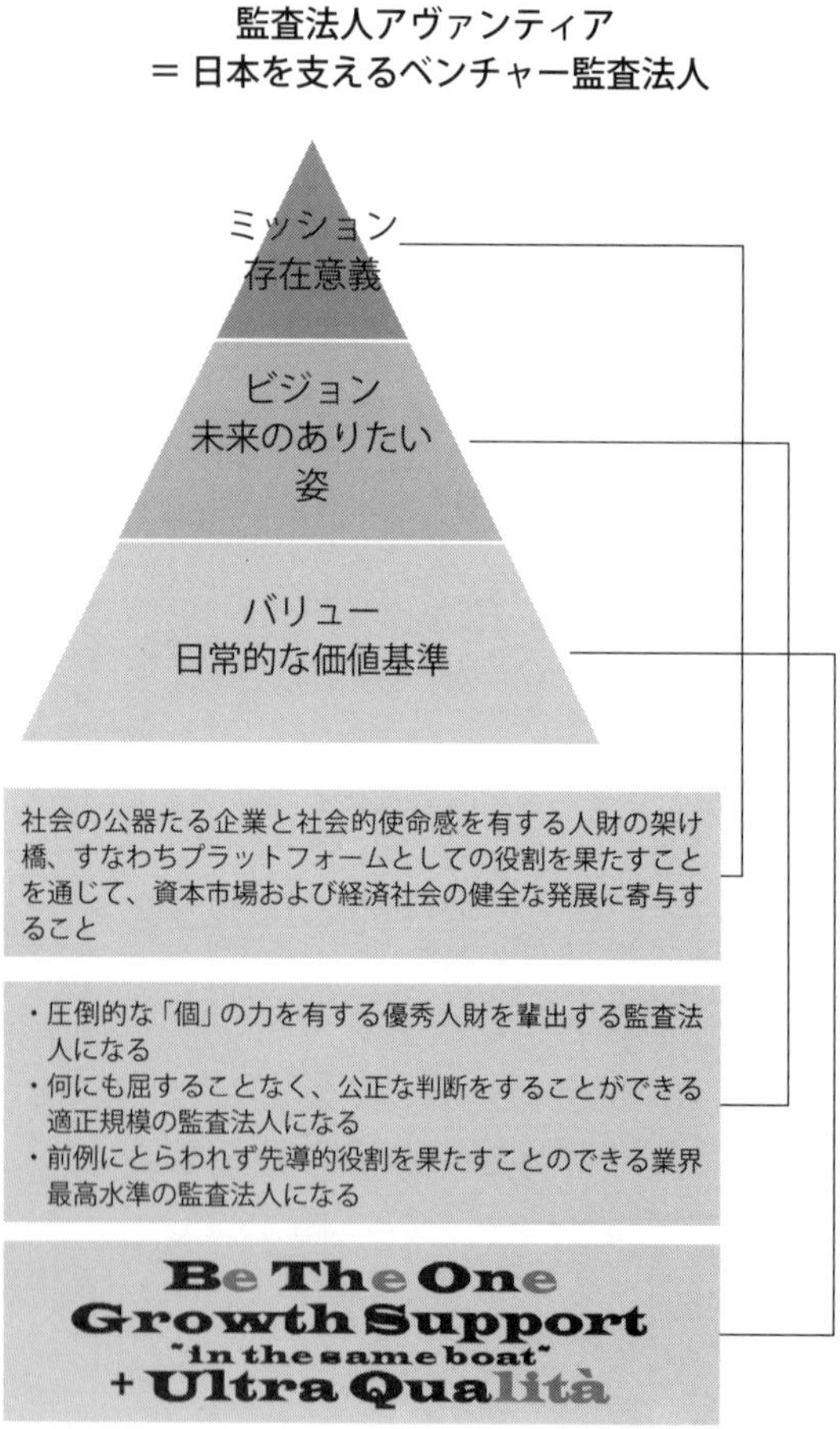
監査法人アヴァンティア
＝日本を支えるベンチャー監査法人
ミッション
存在意義
ビジョン
未来のありたい姿
バリュー
日常的な価値基準
社会の公器たる企業と社会的使命感を有する人財の架け橋、すなわちプラットフォームとしての役割を果たすことを通じて、資本市場および経済社会の健全な発展に寄与すること
・圧倒的な「個」の力を有する優秀人財を輩出する監査法人になる
・何にも屈することなく、公正な判断をすることができる適正規模の監査法人になる
・前例にとらわれず先導的役割を果たすことのできる業界最高水準の監査法人になる
Be The One
Growth Support
~in the same boat~
+ Ultra Qualità

ナビリティに優先することがないように、常に業界最高水準を維持できるように、公正な判断ができる強い「個」が維持できるよう、前例にとらわれたり、横並びになることなく、適正規模を今後も目指していこう、ということです。

以上のミッション、ビジョンは設立時の趣意を改めて言語化したものですが、バリューは、いったん経営層で提示したものを、メンバー全員が、すっと腑に落ちるまで、とことん議論を交わし、創出したものです。どれもミッション、ビジョンを消化して、日頃大切にしたい価値観に落とし込んだものであり、組織全体に危機感が走り、それをどう超克するかを真剣にメンバーが考えたもので、その思いに胸が熱くなりました。

「個」を尊重し、メンバー間でともに成長できることを重んじるとともに、クライアントとも同じ方向に向かって、目的を共有し、ともに成長する、そのためには専門性については常に際立った品質を追求していこう、その際には利他（lita）の精神を忘れないようにしよう、というもので、法人内の共有したい価値観が包摂されています。

最後に、組織内外にわかりやすく法人を伝えるべく、わが監査法人の定義として、「日本を支えるベンチャー監査法人」としました。監査法人業界は、四大監査法人を含め、提携している国際ネットワークの影響力が実質的に強く、ワールドワイドの経営戦略に依拠せざるを得ないことから、「日本を支える」ことに主体性をもとうと考えました。また、環境変化に迅速に対応できる「変われる」という意味を自ら鼓舞すべく「ベンチャー」監査法人としました。自分たちを端的に表現するこれ以上のものはない、と考えております。

このように、成長する過程で、思わぬ不覚を取り、回り道をしてしまい、当時のクライアントや外部の関係者の方々、そしてメンバーにも多大なご迷惑とご心配をおかけしたのですが、これを真摯に反省し、次なる成長の糧として、大きく前進することが幸いにもできたといえるようになりました。

その結果、２０１５年度以降の試験合格者から新規採用したプロパー人財は30数人を数えますが、一人の退職者も発生していないことを付言します。

ポストコロナ時代をどう迎えるか

そして今度は新型コロナウイルス感染症の世界的蔓延です。2019年12月に武漢で発生して以来、わが国の感染者も増加して、2020年4月には緊急事態宣言が発令されました。3月期決算会社の本決算がいよいよ本格化する時期だっただけに、十分な監査ができるのか、決算は予定どおり発表できるのか、株主総会は延期することなく開催できるのか、など監査法人業界でも大きな課題に直面しました。

監査法人の仕事は、基本的にはクライアント企業にうかがい、会議室を借り、数日連続で業務を行うのが仕事の流儀でした。感染を避けるために企業往査が困難になると、証拠資料を紙ベースに頼らざるを得ない場合は、たちまち仕事が滞ってしまいます。監査業務の遂行にとっては大きなネックです。

私の経営する法人では、2018年1月から電子監査調書システムを外部のベンダーと開発し、本格運用していたことで、四大監査法人や準大手監査法人と同様、大した混乱もなく、2020年3月期決算監査を乗り切ることができました。

またそのあとに続く緊急事態宣言の再発出した期間を通じても、リモートワーク率は、政府や東京都が呼びかけている水準を超える80％を維持しております。リモートワークは、ディス・コミュニケーションの問題がありますが、オンライン会議の活用とその頻度を多くすることで、十分に補えました。

特に若いメンバーから好評で、ワークライフバランスの観点からも健全であることから、待ち望むポストコロナ時代においても、有効な働き方としてリモートワークを推進し、対面は適度に織り交ぜることを前提とし、業務遂行していくつもりです。

「ＡＶＡＮＴＩＡ２０３０」で提唱するビジョンの実現

新型コロナウイルス感染症による大混乱で２０２０年を終えようとした頃、私たちは、今後の10年間の会計士業界をとりまく経営環境の変化を予測しつつ、「ＡＶＡＮＴＩＡ２０３０」を提唱しました（図表９）。これは、コロナ禍により新たな働き方がみえたことと自らの立ち位置を再度考え、経営資源を棚卸ししたうえで、次の目標地点を遠くにきっちりと定めておこうとしたものです。

［図表9］AVANTIA 2030〜これからのアヴァンティア〜

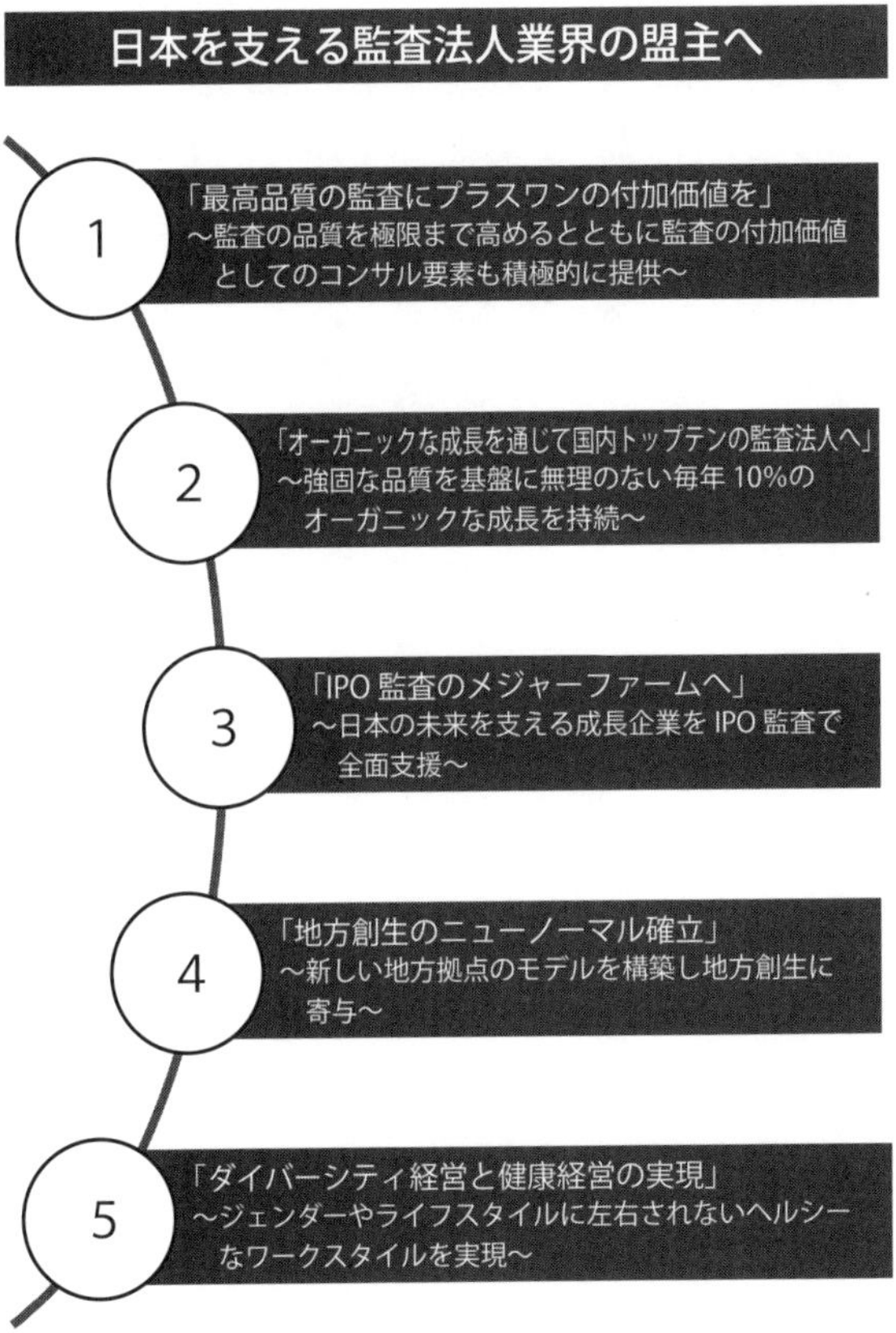
日本を支える監査法人業界の盟主へ
1
「最高品質の監査にプラスワンの付加価値を」
〜監査の品質を極限まで高めるとともに監査の付加価値としてのコンサル要素も積極的に提供〜
2
「オーガニックな成長を通じて国内トップテンの監査法人へ」
〜強固な品質を基盤に無理のない毎年 10%のオーガニックな成長を持続〜
3
「IPO 監査のメジャーファームへ」
〜日本の未来を支える成長企業を IPO 監査で全面支援〜
4
「地方創生のニューノーマル確立」
〜新しい地方拠点のモデルを構築し地方創生に寄与〜
5
「ダイバーシティ経営と健康経営の実現」
〜ジェンダーやライフスタイルに左右されないヘルシーなワークスタイルを実現〜

次のような個別の柱を考えました。

「最高品質の監査にプラスワンの付加価値を」
〜監査の品質を極限まで高めるとともに監査の付加価値としてのコンサル要素も積極的に提供〜

これは、日本の証券市場の上場企業約３７００社の７、８割を占めるミドルサイズの上場企業に対して、指導性を発揮してコンサル要素を提供することで、監査の品質と両立するという、高次元の目標です。正しい財務情報を発信するために必要なことは、正確性と適時性に尽きます。それらを満たすためには、クライアント企業の管理体制、管理体質を強靭化する必要があり、そうなれば監査リスクも一定水準に制御できます。

決算自体の早期化、連結決算の効率化、原価計算の適正化、キャッシュフロー計算書の迅速な作成等々、クライアントとともに知恵を絞り、協業することは、クライアントも成長しますし、それとともに監査法人も成長することができます。

「プラスワンの付加価値を」を常に心掛けたいものです。監査法人業界から去ろうとする公認会計士にこうした監査のやり甲斐を伝え、業界に有為な人財を一人でも多くつなぎとめたいと考えております。

「オーガニックな成長を通じて国内トップテンの監査法人へ」
～強固な品質を基盤に無理のない毎年10％のオーガニックな成長を持続～

先に述べたように、急激に成長することは、時に体制が整備しきれないことが発生しますし、今は規制環境が厳しいですから、そうした先入観をもたれることも用心しなければなりません。

もとより、私も銀行員時代は、あのバブル期においても、融資先の成長は、5％程度が理想的であると上司から教わっていましたから、10％でも高率だと思いますが、まずは、合併・統合することなく、オーガニックな達成水準として設定しました。

国際ネットワーク提携も一時期は真剣に探していた時期もありましたが、国際ブランドに依拠せず、日本のミドルサイズの上場企業を支えるには、オーガニックに成長し、一定規模になることで、十分であると判断しました。また後押ししたのが、独自に開発した電子監査調書システムや監査業務に必要なＩＴシステム全般の存在でした。せっかく構築して、コロナ禍においても有効に機能したにもかかわらず、国際ネットワークを密に提携したとたんに、これを放棄しなければならないからです。

むしろ、わが国の監査環境に合致するような要件定義をベンダーと独自に行い開発した同システムは、国内においては、非常に有効なものとなります。

敵に塩を送るといわれるかもしれませんが、業界全体の発展のため、２０２１年７月現在は、ほかの中堅、中小の監査法人に共用できるように、他法人と合同会社を設立して取り組んでいる最中です。

オーガニックに成長する（合併はしない）と宣言することで、法人メンバーの士気も上がっていることも事実です。

「ＩＰＯ監査のメジャーファームへ」

～日本の未来を支える成長企業をＩＰＯ監査で全面支援～

私たちとしては、２０２１年７月に念願のマザーズ上場企業が誕生する予定です。長い道のりでした。実績のない新興監査法人がＩＰＯ実績を創るのがいかに困難であるかということです。しかし第1章で述べたとおり、四大監査法人がＩＰＯ監査に消極的であり、担い手が規模の大きい監査法人順に減っていくなかで、監査法人業界が、新産業や新業態の成長の足かせになるといった全体不最適があってはなりません。

しっかりとＩＰＯを準備する企業の経営インフラの構築に貢献し、適正な財務情報を適時に発信できるよう、その協業のなかで、我々自身も、しっかり成長させていただきたいと考えています。

きらりと光る企業とご縁をもち、将来の成長性や実現可能性を検証しながら、これを財務諸表に反映し、開示体制を支えることで、日本の未来づくりに微力ながら貢献できればと考えています。

「地方創生のニューノーマル確立」

～新しい地方拠点のモデルを構築し地方創生に寄与～

コロナ禍における新しい働き方として、リモートワークが定着しました。私の経営する法人では、2020年7月からの半期で、リモートワーク率80%をすでに達成することができました。電子化したことが、もちろんその背景にあります。メンバーのなかには、所内恋愛で結婚後、子宝に恵まれ、奥さまの実家近くの地方に引っ越して、リモートワークを開始した主査マネジャーもいます。とてもいきいきと活躍しています。

今後も、東京事務所で数年キャリアを積んでから、家族の事情や本人の希望で、地方に拠点を構えるということを後押しして、拠点を全国に広げたいと思います。

また同時にすでに、地方で活躍している公認会計士に十分な研修を実施したあとに、一定割合を監査業務に従事してもらうということも考えております。居を変えることなく、独占業務である監査業務が可能になることは、公認会計士としてのディーセントワーク（生き甲斐のある仕事）になりますし、家族や自然環境との調和を図り、ワークライフバランス上も望ましいことだと思います。これまでは、同業界では、地方事務所をハードに構えることが一般的でしたが、そうではなく、しなやかにネットワークを構築する流儀で、地方創生に少しでも寄与したいと思います。

「ダイバーシティ経営と健康経営の実現」
〜ジェンダーやライフスタイルに左右されないヘルシーなワークスタイルを実現〜

これは、現代では、多言は無用でしょう。私たちは法人設立以来、自由職業人としてのライフスタイルを重視して、個々の働き方をオーダーメードで策定する方式を採っていましたが、これをさらに推し進め、フレキシブル常勤制度、すなわち週3日、週4日の常勤を認めたり、また、家事と両立を図るための時短勤務制度も実施しております。女性メンバーには甚だ好評で、2021年7月現在で、女性メンバーが31人在籍と大幅に増加する結果となりました。また、2021年の公認会計士試験合格者の新規採用者11人のなかで3人は女性でした。もとより、私の経営する法人は、中国やイタリアの海外人財も在籍しており、若いメンバー主体の組織ですから、今後も、ライフイベントに寄り添いながら、人事制度を実践、ブラッシュアップし、積極的にダイバーシティ化を推進していきたいと考えています。

「AVANTIA 2030」の5本柱は以上のとおりですが、野心的かつ進歩的に総括したのが、「日本を支える監査法人業界の盟主へ」です。

これは、日本の証券市場の特殊性、特異性にあった監査法人の在り方を提示して、その先導役になろうという気概を表現させていただいたものです。

これから上場しようとする企業や上場後に一段と成長を企図する企業にプラスワンの付加価値をもって、公認会計士の独占業務である監査サービスを提供し、そのサービスの礎となる人財力を強化するための制度および電子化等ＤＸ対応もぬかりなく実施し、監査法人経営に必要なインフラに磨きをかけることで、業界の範となるように振る舞っていこうとの決意を表明したものです。

今後は、「井の中の蛙」にならぬよう、対外活動、これまでも積極的にセミナーや勉強会など行ってきましたが、特に日本公認会計士協会等の業界団体への提案および導入活動にも、注力していきたいと考えております。

生産性を上げるには、給与を増やす

わが国の１人あたりＧＤＰは、２０２０年におけるＩＭＦの報告によると、世界23位、

4万146ドルです。私が銀行に入行したバブルの1990年においては、世界8位で、G7先進国ではトップでした。今や人口が約2・5倍のアメリカにGDP総額ということでなく、1人あたりGDPでもかなわない状況です。早晩、韓国にも追い抜かれるという試算もあります。

企業においては、1人あたり売上高がこれにあたります。「生産性」を示す指標ですが、巷間、相対的に低い、といわれているのは1人あたり売上高が伸び悩んでいるということです。

財務分析の観点から、「生産性」を考えますと、1人あたり売上高（売上高/従業員数）は、売上高/人件費×人件費/従業員数（1人あたり人件費）に分解することができます。

特に上場企業は、デフレの時代が続き売上高が伸びないという制約要因のなかで、利益を多く上げることが、配当原資に回すことにつながり、株価を上昇させるためにも重要であり、かつ借入金の返済や将来の設備投資や研究開発等のためにも内部留保上必要だということで、人件費が抑制されますから、分解式の前者の売上高/人件費の両数値は、ともに下落傾向にあり、容易には向上しません。

人件費を抑制するというのは、リストラで人数を減らすか、1人あたりの人件費を下げるしかありません。リストラが限界となれば、1人あたりの人件費を下げる、ということになります。非正規化が進んでいるのはその証左です。

結局、その総和としての1人あたり売上高が上昇しない、つまり生産性は向上していない、という日本経済の悪循環の状況が、ここに表れているわけです。

我々監査法人は、民間ですから利益を計上することは、事業継続の制約条件ではありますが、上場企業のように利益の最大化が求められているわけではありません。出資者は、無限責任社員であるパートナーですし、金融機関からの借入もありません。また、現在の監査法人の経営環境は、組織メンバーが多く集い、働く魅力に共感し、つなぎとめることができれば、クライアントも自然と集まり売上高が増えるといった恵まれた状況にあります。

その意味では、まずは、1人あたりの人件費をしっかりとかけることを優先するのが、経営上重要であると考えています。具体的には、残業などの時間に対して報酬を増やすということではもちろんなく、決まった時間で成果が出せるように、研修や業績評価を通じた人財投資を惜しむことなく実施して、成果を出し、これをメンバーに報酬（給与）としてより多く配分できる好循環の仕組みを整えることです。

そうすれば、後者の1人あたりの人件費を上げた分、成果として人件費総額以上に売上高が伸びることで、売上高／人件費も上昇する、結果的には相乗効果で、1人あたりの売上高も上がっていく、というダイナミズムが生み出せるのだと信じています。

信じています、という表現を用いましたが、この数年間で危機感を共有したこともあり、組織メンバーに対する信頼関係が圧倒的に深まりました。また同時にクライアントに対する信頼関係も強くなっていると思います。

これからの時代に改めて必要なことは、この「信頼」にあることは間違いありませんし、この基盤なくしては、生産性の向上はないと断言します。

先の分解式の前者の売上高／人件費は、労働分配率（人件費／売上高）の逆数であるといえます。私の経営する法人は、すでに労働分配率は80％に達しています。メンバーとの信頼関係、人財を大切にする指標として、重要なＫＰＩ（Key Performance Indicator）の一つにしています。毎年9月の常勤メンバーへの決算報告においても公表しています。

監査法人のＳＤＧｓの本質を考える

私たちも、ＳＤＧｓの17の達成目標のうち、「すべての人に健康と福祉を」「ジェンダー平等を実現しよう」「働きがいも経済成長も」「産業と技術革新の基盤をつくろう」にはしっかりと個別に取り組みを行っております。

しかし一方で、「貧困をなくそう」「飢餓をゼロに」「安全な水とトイレを世界中に」などは、直接的に実践することは考えにくいもので、要は、できることは限られているということです。

結局、一般の民間企業はグローバルな課題に対し、基本的には、利益を上げて納税し、その資金を公的機関なり団体が効果的、効率的に費消し、解決することに期待するしかないのではないでしょうか。これは、最近のカーボンゼロ（カーボンニュートラル）の問題も同様ではないかと思います。

監査法人は、営利法人ではありませんが、上場企業のように、利益を優先的に追求しなければならないわけでもありません。

したがって、監査法人の立場で、ＳＤＧｓの本質をじっくりと深く考えると、結局は、先ほど申し上げた労働分配率を高めることに尽きるのではないかと考えています。

当監査法人のように労働分配率が80％に達する場合に、人件費の大半を占める報酬には所得税が、利益には法人税が課されることになりますから、所得税と法人税の税率がともに30％、売上高利益率が５％とすると、売上に対して、約35％（人件費＋利益合計85％×税率30％＋消費税10％）の税金を納付する形になります。国庫に納付されることで、直接的になし得ないグローバルな公共的な課題解決を代行してもらうことになるのです。

一方、受け取った法人のメンバーは、自己に対する投資を行うことでより生産性を高めることができるとともに、報酬が多いこと（多くなると見込めること）で、家計にゆとりができて、将来設計ができますから、生活の満足度も高まります。

遠い国の飢餓や貧困を考えるくらいであれば、まず自分の法人メンバーの幸福や希望につなげるべきであると思います。本業をしっかり行い、成果をメンバーに還元することが、地に足のついた本質的なＳＤＧｓになるのだと考えます。

リスクテイクこそ私たちの役目、誇り

今、資本主義は大きな岐路に立っています。皆、自由を獲得しようとして、逆に組織に従属する結果となり、むしろ自由を失い、窮屈になっています。その代わり安心を得ているのだと思います。

自由職業人というものは、別に先鋭的である必要はないのですが、だからといって、組織にいることで安心感を得ることを一義にする、そうした存在であってはいけないのです。組織の意思決定を優先して、個人の意思は封印する。そんなことがあってはいけないのです。自由を得る代わりに、依存することはできず、安心も得られない。自立しなければいけない。そういう存在です。その点では個人事務所も監査法人も同じであるべきなのです。

ただ後者は、そのための手段としてパートナーシップ制度に基づき円卓を囲む、そうしたヒエラルキーとは無縁の組織をつくり上げる。その組織を十二分に活用して、自身の可能性を広げていく。そうした組織なのだと思っています。

これは、監査法人だけに限られることではないでしょうか。

自由を獲得できるだけの知識や経験値を習得した人間は、人生も実り多いはずです。それはつまり、ドラッカーのいう知識労働者であり、賢明な市民であります。

大企業であっても倒産するかもしれない、大手監査法人であっても解散しなければいけないかもしれない。そうした時代です。本当の安心、永続する安全を得ることは所詮無理なのです。だとするならば、自立して挑戦しない手はありません。

だから、少なくとも私たち公認会計士は、その原点、制度の精神に立ち返って、自由職業人であり続けるためには、自分にはどういう武器が必要かを考え、自分をとことん磨き、さらに、自分の鎧になるような理想的な組織づくりを模索することが必要だと思っています。その組織では、共有した価値観を維持し、受け継いでいくことが必要になります。

公認会計士は、自らの専門的判断によって決算が適正かどうかの意見を述べる存在です。投資家と企業の双方に安心を与える職業ですが、そのため、常に判断が間違うというリスクはあります。そう、そもそもリスクフルな職業なのです。

だから、公認会計士はリスクを取るのが前提です。だからこそ信頼も得られるし、社会的にも認められる存在なのです。

そのことは、ぜひ皆さんにわかってもらいたいと思います。

そのリスクを取りたくないからと、何でも批判的に判断して、ノーと言う。そうしたケースがあまりにも多いですが、実はそうした態度こそ、厳に慎まなければいけないのです。そうではなく、リスクを取る。ただし、そのリスクを最小限にするところが、プロとしての腕のみせどころなわけです。そのためにインタビュー能力を磨き、また多くの知識を身につけ、ネットワークを拡充していくのです。

しかも今は変化の激しい時代です。組織形態にしても、そのマインドにしても、常識だけでは判断できない、さまざまなスタイルが登場してきます。また、ビジネス環境も常に動いているといってもいいでしょう。ネットワーク組織、バーチャル組織、NPO、ソーシャルビジネス……。そうした変化にも柔軟に対応しなければいけません。

これは、従来型の公認会計士には無理なことです。左脳だけで理解することは不可能です。計算にだけ長けていればいいというわけにはいきません。

従来、公認会計士は会計マインド8割、ビジネスマインド2割といわれました。もはや、それでは足りないのではないでしょうか。せめて半々。それほどビジネスマインドが必要なのです。会計知識は当然必要なベーシックな素養とスキルで、そこでは差別化はできない。そのうえに、海外を含んだビジネスのトレンド情報、経営環境、業界事情などに長けていることが求められているのです。そうでなければこの先、人工知能（ＡＩ）に包摂されてしまいます。

つまりはより高度な知識労働者にならなければいけないのです。それができなければ、ここで踏ん張らなければ、私たちの地位は早晩地に落ちてしまう。そうした健全な危機意識を常にもって、前進していきたいと考えています。

おわりに

時代はどんどん変わりゆくが、本質は変わらない

数年前、私の大学のゼミの大先輩である伊藤邦雄先生のいわゆる「伊藤レポート」が大きな話題になりました。ROE8%の目標を達成するためのコーポレートガバナンス改革の重要性を提唱したもので、安倍前政権の成長戦略の3本の矢の一つでした。その流れは最近の東証の市場改革においても、プライム市場では、社外取締役を3分の1以上とするといった流れに継続されております。一方では、カーボンゼロを目指す世界規模の環境課題に対して、産業界はどのように取り組むか、国連が以前提唱したSDGsなども同じ座標軸の流れにあり、ディスクロージャー（情報開示）の世界でも、これまでの財務情報主体から、非財務情報を含む統合報告書の在り方が、ホットに議論されているところであります。

コロナ禍をきっかけに電子化、デジタル化はより進んでいくでしょう。監査法人業界でも、電子化、デジタル化の先にある業務のRPA化、AI化は、今後劇的に進行すると思われます。そうしたなか、働く従業員に対する労働法制も変化しております。前回の改訂版でも危惧しましたが、才気溢れる雄雄しき若者が、一人前の職業専門家になろうと駆け上がっていくには、少し足かせになるのではと思われる超過時間や有給休暇の規制が整備されるなか、経営者として、健康経営を標榜する半面、中長期的な視点で一人前の人財を育てるうえで、非常に頭を悩ませております。

渋沢栄一氏が没した1931年に満州事変が勃発しました。その後日本は国際連盟脱退、日中戦争、そして太平洋戦争と突き進んだわけですが、その2年前の1929年にニューヨーク株式市場の大暴落をきっかけに世界大恐慌が起こりました。その結果、資本主義経済が危機にさらされ、自由主義者は憔悴するばかりで、有効打が出せずに、ファシズム、全体主義、社会主義の先行を許しました。ようやくケインズが打ち立てた財政政策の発動で窮地を救ったといえます。

しかし、この自由主義の危機は、最近の情勢に酷似していませんか。新自由主義による市場万能を優先した結果、貧富の格差が拡大しており、自由主義国家陣営が、トランプ旋風や右傾化を招いております。さすがに今回は、ケインズの財政政策も有効になり得ない状況です。ケインズは、同時に「分権的自治」「支配と組織の単位の理想的な規模は、個人と近代国家の中間のどこかにある」と記述しています。

公認会計士という自由職業人の生きる理想的な規模とは何であろうか、こうした自由主義の危機にある今だからこそ、職業専門家として自由職業人らしさを発揮して、士業の自治というものをしっかりと定着させることが不可欠ではないか、そんな思いを込めて、今回の改訂に臨んだつもりです。

私たちは、オーガニックな成長を経て、適正規模に到達した場合には、業界慣行の統合・合併の真逆の組織分化を進めていこう、そんな未来図まで描いています。

こうして社外にも発信することで、これから監査法人を新設しようとする公認会計士、特に若い皆さんと、協業し、切磋琢磨して業界全体を裾野から盛り上げていく機運を高めていきたいと考えております。

こうした自由主義の危機下にある現在であるからこそ、社会的インフラである監査法人業界は、職業的専門家としてのあるべき職業的規範により管理・維持することで、公正な証券市場を守り、資本主義を堅持していかねばならない、と一段と心を引き締めて、筆を置きたいと思います。

最後になりますが、今回、急な出版のお願いに最後までハラハラしながらも、温かく見守り、脱稿にたどり着く道先案内をしていただいた永田恵麻氏、星 花佳氏に深く感謝申し上げます。

２０２１年６月

小笠原 直（おがさわら なおし）

監査法人アヴァンティア　法人代表CEO

公認会計士

栃木県出身。1989年一橋大学経済学部卒業。公認会計士第二次試験合格後、第一勧業銀行（現みずほ銀行）、太陽監査法人（現太陽有限責任監査法人）を経て、2008年に監査法人アヴァンティアを設立・法人代表に就任。日本公認会計士協会実務補習所副委員長、公認会計士修了考査試験委員、独立行政法人経済産業研究所評価委員、独立行政法人統計センター評価委員、相模原市外部包括監査人、慶應義塾大学環境情報学部准教授、千葉大学法経学部講師を歴任。現在は、独立行政法人大学改革支援・学位授与機構監事、東プレ株式会社（東証第一部）社外取締役、都築電気株式会社（東証第一部）社外監査役、一橋大学大学院経営管理研究科講師と活躍の場を広げている。

監査法人アヴァンティアは、成長するミドルサイズの上場企業への監査を目的に2008年設立した「日本を支えるベンチャー監査法人」。2021年7月1日現在、上場企業クライアント31社（業界12位）、メンバー113人。「適正規模」の法人を標榜し、オーガニックな成長を提唱する「AVANTIA 2030」において、業界ベストテンを志向する。

本書についての
ご意見・ご感想はコチラ

監査法人の原点［新装改訂版］

二〇二一年八月二三日　第一刷発行

著　者　小笠原 直

発行人　久保田貴幸

発行元　株式会社 幻冬舎メディアコンサルティング
〒一五一-〇〇五一　東京都渋谷区千駄ヶ谷四-九-七
電話　〇三-五四一一-六四四〇（編集）

発売元　株式会社 幻冬舎
〒一五一-〇〇五一　東京都渋谷区千駄ヶ谷四-九-七
電話　〇三-五四一一-六二二二（営業）

印刷・製本　シナノ書籍印刷株式会社

装　丁　弓田和則

検印廃止

Printed in Japan　ISBN 978-4-344-93433-7 C0034
幻冬舎メディアコンサルティングＨＰ　http://www.gentosha-mc.com/